S139 376

# LE DESSOUS

# DU PANIER

— CORBEIL, imprimerie de CRÉTE. —

# LE DESSOUS
# DU PANIER

PAR

### HENRY MURGER

## PARIS
## MICHEL LÉVY FRÈRES, LIBRAIRES
RUE VIVIENNE, 2 BIS

—

## 1855

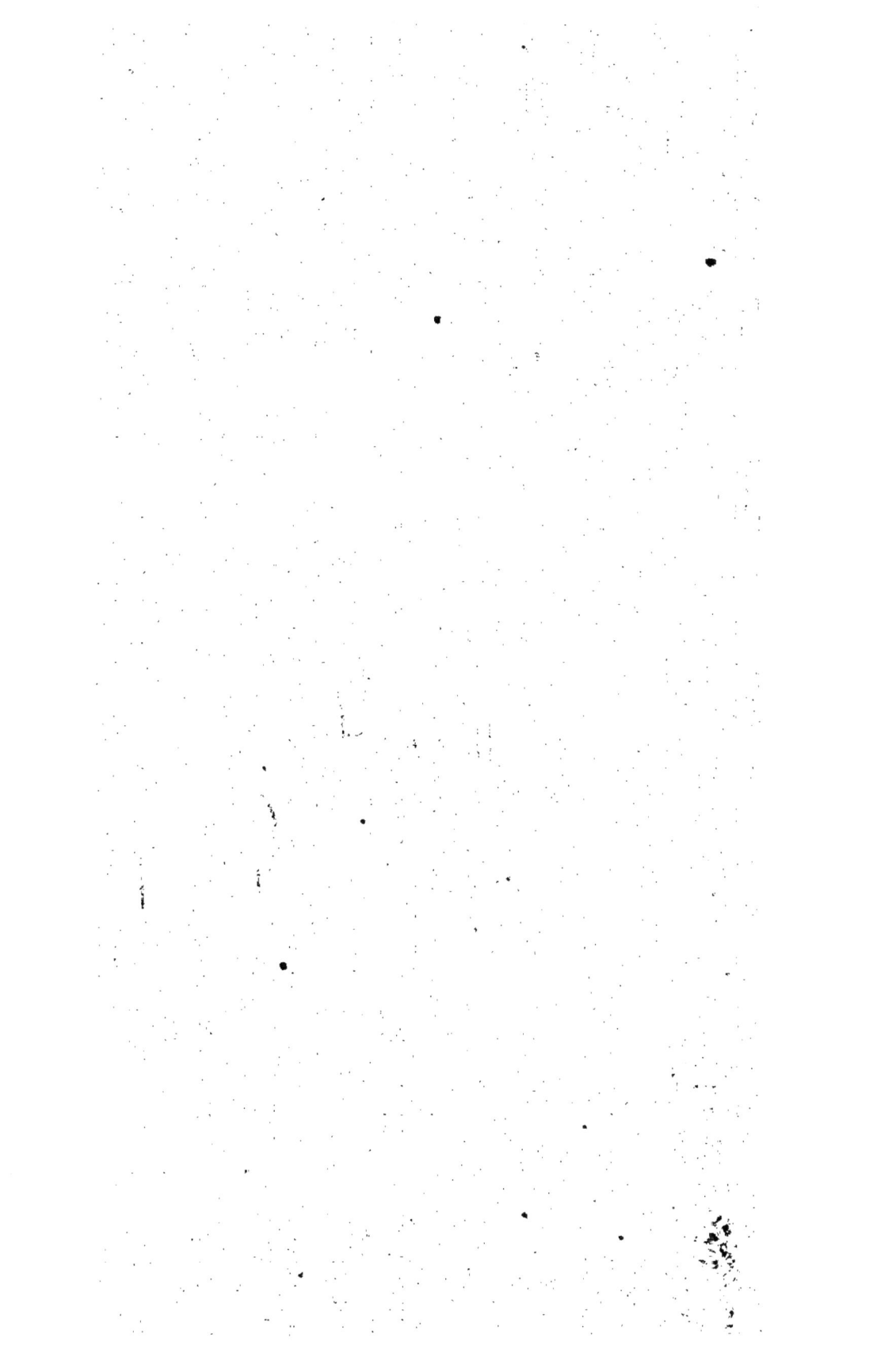

# LE DESSOUS DU PANIER.

## LA BIOGRAPHIE D'UN INCONNU.

En mil huit cent quarante quatre, au mois de mars, si ma mémoire est fidèle, et par une pluie diluvienne, quelques-uns de mes amis et moi nous menions en terre un des nôtres qui venait de mourir à l'hôpital Saint-Louis. Lorsque le modeste corbillard fut entré dans le cimetière, deux fossoyeurs, venus à l'appel du coup de sifflet du gardien en chef, partirent en avant pour creuser le trou. Quand nous arrivâmes au lieu destiné à l'inhumation, les gens de la mort avaient déjà fait leur besogne, rendue facile par la pluie qui avait détrempé la terre.

La bière tirée hors du corbillard, fut descendue

1

à l'aide de cordes au fond de la fosse comblée en moins de deux minutes.

— Pauvre diable! dit l'un des fossoyeurs avec un accent de pitié brutale, il n'aura pas chaud là-dessous.

— Et nous non plus, répliqua son camarade en frissonnant sous une rafale. Il fait bon à aller prendre un petit verre de *flanelle* tout de même. Et tous deux, ayant chargé leurs outils sur leur épaule, s'approchèrent de celui qui semblait mener le deuil pour lui réclamer leur pourboire.

L'ami fouilla dans sa poche, où il sentit sa main griffée par le diable qui y était logé, et promena sur les autres assistants un regard quêteur, auquel chacun d'eux dut répondre par un coup d'œil et un geste négatifs.

— Mon brave homme, dit au fossoyeur l'ami auquel celui-ci s'était adressé, il ne nous reste plus de monnaie.

— Suffit! répliqua l'homme, devinant sans doute qu'il n'avait pas affaire à des héritiers. — Ce sera pour la prochaine fois.

Cette réponse d'un comique lugubre donna le frisson à tous ceux qui l'entendirent; car elle devenait presque une prophétie dans cette circonstance, et une pâle terreur monta sur tous les visages, lorsque le second fossoyeur ajouta tranquillement :

— En effet, ces messieurs, *c'est* des pratiques. Je les reconnais.

Ils nous avaient reconnus — ce n'était pas étonnant, car depuis six semaines c'était la troisième fois que nous venions conduire là un de ceux qu'on ne ramène pas.

On comprendra donc l'effet que dut produire cette phrase : « Ce sera pour la prochaine fois, » sur des gens qui sentaient que la mort était sur eux, et qui se demandaient déjà, en se regardant les uns les autres et en comptant les vides : A qui le tour maintenant ?

Comme les fossoyeurs venaient de s'éloigner, arriva en courant un de nos amis qui nous avait quittés à la porte du cimetière pour prendre dans un magasin d'objets funèbres la croix de bois qui devait provisoirement indiquer la place où reposait le défunt. L'inscription, encore fraîche et abrégée par une économie qui forçait à compter avec les regrets, portait seulement le nom et la profession du mort. On y lisait en lettres blanches sur un fond noir :

JOSEPH D. . . . . .S,

ARTISTE STATUAIRE.

Et au-dessous les trois larmes classiques pleurées à

raison de tant le cent par un blaireau lacryma-
toire.

Quand cette humble et triste cérémonie fut terminée, nous nous retirâmes en jetant un dernier
et silencieux adieu à cet ami qui s'en était allé si
vite. Et cependant, telle était alors la rigueur de
la destinée, que devant cette tombe à peine fermée,
plus d'un murmurait peut-être au fond de son âme :
Faut-il le regret ou l'envie !

La pluie tombait toujours.

C'est la biographie de ce patient et courageux
travailleur que nous voulons raconter, mettant
ainsi sous les yeux du public un nom inconnu, qui
ne le serait pas resté sans doute, si celui qui le
portait avait obtenu de la mort un délai nécessaire pour sortir avec éclat des ténèbres de l'in-
cognito.

Joseph D..... était né à B....., petite ville for-
tifiée du département du Nord, et qui, à l'époque du manifeste Brunswick, tint en échec tout
un corps d'armée prussien sous le canon de ses
remparts.

L'amour de cet art, au service duquel il devait
vivre et mourir en fidèle serviteur, était né avec
lui et s'était révélé dès ses plus jeunes années
comme la plupart des vocations réelles. Ses pa-

rents, qui exerçaient dans la banlieue une petite
industrie dont ils avaient grand'peine à vivre,
incapables de rien comprendre à ces dispositions
développées par l'étude du dessin dans une école
gratuite où il allait à leur insu, voulaient, quand
il en eut l'âge, l'obliger à apprendre un état manuel
d'un rapport prochain. Un hasard favorable vint
heureusement lui faire éviter le rabot du menui-
sier ou l'aiguille du tailleur, « un état propre et
agréable, » disait son père. L'un des professeurs de
l'école de dessin où Joseph allait chaque soir, et qui
avait remarqué son intelligence, lui demanda s'il
voulait entrer en qualité d'élève chez un architecte
du gouvernement, chargé alors de nombreux travaux.

Quand Joseph parla de cette profession à son
père, il n'eut garde de lui dire que l'architecture
était un art, car il savait que dès le premier mot
il eût été renvoyé au rabot ou à l'aiguille, « état
propre et agréable.»

— Architecte, demanda le père, qu'est-ce que
c'est que ça au juste?

— Ce sont les gens qui font les maisons, répondit Joseph, restreignant avec intention l'art de
Vitruve dans ses plus modestes proportions.

— Tu veux dire maçon ? reprit alors son père,

ça n'est pas un état propre : toi qui es délicat, ça m'étonne; toute la journée dans le plâtre ; enfin si ça t'amuse, c'est un métier comme un autre. Seulement prends garde de te casser les reins, et en bâtissant des maisons pour les autres, tâche d'en bâtir une pour nous, ça fait que nous n'aurons plus de terme à payer.

Au bout d'un mois Joseph avait déjà des appointements, modiques il est vrai, mais qui lui permettaient de décharger sa famille de l'entretien de sa personne. Une seule chose intriguait vivement son père, c'était de voir qu'il partait tous les matins travailler en habit noir et en chapeau, « comme un monsieur qui va se marier » (sic), et qu'il rentrait chaque soir sans une tache de plâtre à ses vêtements. Au bout de six mois, Joseph faisait dans les premiers ateliers de Paris des journées qui lui étaient payées sept et huit francs. Il fut employé longtemps chez MM. Lassus et Labrousse, qui édifiaient de grandes constructions pour la ville. Ce fut alors qu'il se décida à expliquer à son père la différence qui existait entre un architecte et un maçon.

Mais un beau jour il en eut assez de l'équerre et du compas, qui lui prenaient tout son temps et l'éloignaient de son but. Il alla trouver M. ***, statuaire, et lui montrant toutes ses études qu'il avait

.apportées dans un carton, il lui dit carrément : — Voilà ce que je sais faire, je veux être sculpteur; voulez-vous me donner des leçons ?

M.*** lui répondit :

— Allez à mon atelier, adressez-vous au *massier* [1], c'est lui que ça regarde.

Ce qui voulait dire : Payez d'abord votre mois, et vous aurez droit de partager avec mes autres élèves une heure de leçon que je vais donner tous les jours.

Joseph, qui était prévenu de ces détails, ne s'en étonna point. Il alla consigner son premier mois entre les mains du *massier* de l'atelier***, et paya une bienvenue de cent francs à ses camarades, qui lui firent grâce des mille petites misères dont on abreuve traditionnellement le *nouveau*.

Après quelque temps de séjour dans l'atelier***, Joseph, déjà habile à manier la glaise, se fit inscrire à l'école des Beaux-Arts, où le concours allait s'ouvrir pour l'admission aux études. Le titre d'élève de l'école est une espèce de grade qui rend les voies plus faciles et prépare la réception en loges, qui vous met déjà un pied sur la route de la villa Médicis. Pensionnaire de l'école française à Rome, tel

[1] On appelle massier dans les ateliers l'élève chargé de tenir les comptes.

est le but où tendent tous les jeunes artistes. Telle était l'unique ambition de Joseph.

Sa première *figure* fit émeute parmi ses camarades.

Elle était modelée avec une fureur d'ébauchoir qui attestait une préoccupation des fougueux emportements de Michel-Ange, et représentait une femme d'une opulence de formes exagérées qu'on eût prise volontiers pour la femelle d'un géant Atlastique.

Le professeur, qui était un apôtre du grêle et du menu, s'écria, en détournant avec horreur les yeux de cette figure robuste au style tordu :

— Est-ce un éléphant que vous avez voulu faire, jeune homme?

Joseph n'aimait pas cet académicien qui, depuis vingt ans, refait toujours la même statue baptisée d'un nom grec ou romain, et qui représente invariablement un sapeur-pompier maigre et nu.

Il répondit en faisant tourner la plate-forme de sa selle comme pour montrer sa *figure* sur toutes ses faces :

— Oui, monsieur, c'est un éléphant.

— Alors, mon jeune ami, répliqua le professeur malin comme un singe, si c'est un éléphant, vous avez oublié la trompe.

Joseph fut refusé.

Il se vengea de cet échec par une complainte dédiée au professeur, qui avait une épaule mieux faite que l'autre. Cette gibbosité était une pelote où les élèves enfonçaient chaque jour les milliers d'épingles de leurs railleries. La complainte de Joseph le rendit célèbre dans tout le monde des rapins. Elle fit même tomber dans l'oubli la fameuse ballade de *Jean Belin*, « qui avait obtenu du Grand Turc la faveur de passer le Pont-Euxin sans payer un sou à l'invalide. » En manière de parenthèse, nous dirons que cette ballade de Jean Belin est un chef-d'œuvre de délire grotesque ; elle fut composée, comme elle le dit elle-même, « par le grand saint Luc lorsqu'il étudiait la peinture chez M. Duval le Camus. » Comme un échantillon de ce genre de poésie très-appréciée dans les ateliers, et qui porte le nom de *Scie*, nous citerons le premier couplet de la romance de Joseph, dont on voit encore des illustrations sur les murs de l'école :

O rapins de Damiette,
De Constantinople aussi,
Venez écouter ma si
Déplorable historiette;
Ça se chante en clé de si
N'y en a pas. — C'est une scie.

Cinquante couplets sur l'air de Fualdès. — On cite des personnes qui en sont mortes.

Ce temps des innocentes plaisanteries, c'était le bon temps, où l'on gravissait par la plus douce pente cette colline de la vie, dont le sentier n'est vert qu'en le montant, a dit M. de Lamartine. Alors on était heureux à bon marché, car on faisait son bonheur soi-même avec tout comme avec rien.

C'était l'époque des folies sincères, des enthousiasmes exagérés, qu'on dépensait sans discussion comme un trésor cru inépuisable. Alors toute feuille verte semblait laurier aux ambitions juvéniles qui se baissaient d'avance pour passer sous les arcs de triomphe de l'avenir, et chaque matin amenait une espérance nouvelle. Feux de paille éteints, dont le vent a depuis longtemps dispersé la fumée ; car on se heurte bientôt le pied au premier caillou noir dont les anciens marquaient les jours mauvais du calendrier. — On s'était habitué à cheminer sans fatigue sur une route joyeuse à l'œil et facile au pas, — et brusquement, à un coup de sifflet du machiniste de la vie, le décor change, et on se trouve au milieu des Pyrénées de l'obstacle.

Ce fut ce qui arriva bientôt à Joseph.

Un beau jour, son père lui dit :

— Mon garçon, tu avais dans le *bâtiment* une bonne place qui te rapportait pas mal d'argent; c'était un état propre et tranquille comme celui de notaire; tu l'as quitté pour apprendre à faire des bonshommes et des femmes sans chemise, et depuis ce temps-là je m'aperçois avec peine que tu ne gagnes plus un sou.

— J'en gagnerai plus tard, répondit Joseph, qui commença à voir d'où soufflait le vent.

— Plus tard est trop loin, mon garçon; avec ta mère et tes frères nous sommes quatre à la maison qui avons tous un trou sous le nez. Retourne à ton premier métier, qui était flatteur, je te le conseille; car j'ai bien peur, si tu t'obstines à rester dans le nouveau, de te voir un jour aussi nu que tes bonshommes. Et puis, réfléchis, tu as dix-sept ans, et à cet âge-là, tout homme doit être de force à se pétrir lui-même sa miche quotidienne.

Le bonhomme D.... n'avait pas tort, après tout; Joseph le comprit, mais il était trop avancé pour reculer. Il répondit à son père :

— Je vivrai seul et de moi seul.

— Bonne chance, mon garçon! tu vas manger de la vache enragée, c'est dur, prends garde de te casser les dents.

Non pas qu'il eût mauvais cœur, le père D...., mais il ne pouvait pas croire que la sculpture fût un état sérieux, et pensait que la vocation de son fils était tout simplement de la paresse.

— On fait des bonshommes quand on a des rentes, disait-il à sa femme.

Joseph quitta la maison paternelle, et alla loger chez un de ses amis.

Pauvre comme il était alors, il ne pouvait plus payer les mois de l'atelier; cependant M. *** lui ayant plus d'une fois témoigné sa satisfaction, Joseph pensa qu'il consentirait peut-être à le garder gratis dans son atelier, mais lorsqu'il lui en fit la demande, le maître répondit à l'élève:

— Cela ne me regarde pas, adressez-vous au massier.

Il n'y avait pas besoin de lunettes pour voir que c'était un refus.

Joseph, conseillé par un ami, alla trouver M. Rudde, et lui confia sa situation. L'auteur du *Caton* des Tuileries et du bas-relief du *Départ,* le plus beau de l'Arc de triomphe, accueillit paternellement l'ancien élève de M. ***. Il avait flairé en lui un artiste de race, vaillamment trempé pour les grandes luttes, et il l'encouragea vivement à persévérer dans la carrière, lui offrant ses conseils

et lui ouvrant son atelier, heureux, disait-il, d'y
posséder un élève de cette valeur.

Ce fut peu de temps après que j'eus l'occasion de
connaître Joseph. Un ami commun me conduisit
chez lui. C'était le jour de l'ouverture du Salon,
l'année où Delacroix exposa sa *Médée*. Joseph logeait
rue du Cherche-Midi, dans une cour où était une
vacherie. On arrivait chez lui par un escalier qui
aurait fait reculer un clown, et qui semblait s'entendre avec la chirurgie pour lui fournir des jambes
cassées. Quand on entrait dans ce logement, dès le
premier coup d'œil on voyait qu'une profonde misère en était l'hôtesse assidue. De meubles, à pro-
prement dire, il n'y en avait pas, sinon un méchant
lit, dont l'unique matelas vomissait ses entrailles
de bourre, et qui servait de divan dans le jour ; et
dans un angle, un assez beau buffet, style Louis
XV, dont les ornements de cuivre avaient sans doute
été vendus dans un jour de disette. J'arrivai là le
soir par un abominable temps de neige et de givre.
Cinq ou six amis de Joseph se trouvaient réunis en
cercle au milieu de l'atelier.

— Vous avez froid ? me dit Joseph en faisant
élargir le cercle pour m'y donner une place ; venez
par ici, c'est notre poêle, ajouta-t-il en riant. Ce
poêle fantastique, que je cherchais vainement des

yeux, c'était encore une œuvre de l'industrieux
génie de la nécessité, et je commençai à comprendre ce que l'artiste voulait dire en voyant, prati-
qué dans le plancher au milieu de l'atelier un trou
d'un pied carré par lequel s'échappait une chaude
colonne de vapeur fournie par l'atmosphère d'une
étable située au-dessous de l'atelier même. Ce système de calorique, un peu trop odorant peut-être,
suffisait pour répandre dans l'atelier une chaleur
douce qui combattait les invasions de l'hiver,
montant à l'assaut par les fenêtres mal jointes. Le
plus grand découragement était peint sur les figures
des quatre ou cinq jeunes gens qui se trouvaient
là. Ils avaient été refusés à l'exposition. De là un
concert de récriminations contre le jury. Joseph
était le seul qui gardait un juste-milieu raisonnable; il essayait de calmer tous ces amours-propres
blessés. Je l'entendis répondre à l'un de ceux qui
criaient le plus haut :

— Tu as tort, et mille fois tort ; cela ne fait pas
doute qu'il y a eu cette année comme toujours des
injustices commises ; mais tu n'as pas le droit de t'en
plaindre, car c'en est une de moins qu'on a faite
en ne te recevant pas.

— Il y a cent tableaux au Louvre qui ne valent
pas le mien.

— Ce n'est pas la médiocrité de ceux-là qui donne de la valeur au tien.

— Mais tu sais bien, répliqua l'autre, que je n'ai pu le commencer que très-tard — que j'ai dû me presser — travailler dans de mauvaises conditions, — et que ce n'est pas ma faute, si je n'ai pu faire mieux.

— Ce n'est pas non plus celle du jury, répondit Joseph.

— Et vous, lui demandai-je, avez-vous été plus heureux que ces messieurs?

— Oh! moi, me dit-il, je n'ai rien envoyé au Louvre; je ne me sens pas encore mûr pour un début sérieux. Quand je le tenterai, si je suis refusé, je veux avoir le droit de crier. D'ailleurs, les éléments me manquent; avec les frais des premiers matériaux, du modèle, du moulage, la plus petite statue coûte au moins deux cents francs. Les trois chiffres, c'est inabordable, — faut attendre.

— En attendant, dit quelqu'un, nous menons la vie dure.

— Et nous ne sommes pas au bout, reprit Joseph; mais, ajouta-t-il avec une certaine vivacité, et avec beaucoup de raison surtout, vous êtes étonnants, vous autres; vous me faites l'effet de ces gens qui entreprennent le voyage de Strasbourg pour monter

au clocher, et qui se déclarent fatigués à la première marche. Vous n'avez pas été pris en traître
pourtant, car l'art a ceci de bon qu'il est franc, il
vous dit très-bien : Si tu as du talent, je te donne-
rai un jour de la gloire et du vin à quinze sous à
tous tes repas; mais d'ici là tu passeras par des
chemins difficiles, et ta vie sera semée de clous.
C'est à vous de réfléchir ; mais, si vous acceptez le
marché, ne venez pas vous plaindre, et ne décou-
ragez pas vos camarades.

Au reste, de tous ces jeunes gens à qui il faisait
ainsi la mercuriale, Joseph était véritablement le
seul qui eût, comme on dit, *quelque chose dans le
ventre*. Il avait la foi naïve et obstinée, la persé-
vérance de tous les instants. Il était parvenu à
apprivoiser la misère, et la supportait autant par
habitude que par insouciance, comme on fait d'une
maîtresse acariâtre et grêlée qui a de bons mo-
ments. Chez lui l'enthousiasme n'excluait pas la
raison. Il ne tarda pas à s'apercevoir qu'il était en-
gagé dans une impasse qui l'empêcherait éternellement d'arriver à son but. Voyant que les matériaux lui manquaient et qu'à part ses études il ne
pouvait rien produire qui eût chance de place-
ment ; sans abandonner entièrement son art, il se
livra à une industrie qui s'y rattachait presque et

qui ne tarda pas à lui rapporter non-seulement
pour suffire à son existence, mais encore assez
pour lui permettre de mettre de côté une somme qui,
dans un temps donné, devait lui procurer les moyens
de rentrer dans l'art et de s'y livrer exclusive-
ment, et dans des conditions de succès. Il entra en
qualité d'ouvrier chez l'ornemaniste Romagnési,
où il travailla plus d'un an. Il en sortit à cause
d'une maladie dangereuse qu'il avait gagnée en
passant des nuits à travailler dans un atelier mal
clos, au char qui devait ramener les cendres de
l'Empereur. Durant ces travaux il gagnait quarante et cinquante francs par nuit. Sa maladie,
qui se prolongea pendant une partie du rigou-
reux hiver de 1840, emporta toutes ses économies.
Cependant la campagne d'été s'ouvrit heureusement, les architectes ses anciens patrons lui trouvèrent de la besogne. Il n'exécutait plus lui-même,
et composait seulement du dessin d'ornement.
Doué d'une grande invention, il concevait rapidement. On a de lui des choses charmantes qui peuvent lutter avec les plus merveilleux caprices de
pierre ou de marbre que le génie de la Renais-
sance faisait courir sur les murs de Chambord, de
Chenonceaux ou d'Anet.

   Ces travaux lui étaient bien payés, et son magot

commençait à redevenir ventru, car il vivait avec
une grande sobriété, et en toutes choses restrei-
gnait le plus possible ses dépenses. On ne lui connaissait pas de maîtresse : « L'amour, disait-il, c'est
une passion de luxe, et mon budget ne me permet
pas d'ouvrir un compte à cet article. » Son unique
plaisir était de caresser l'espérance qu'il avait de
pouvoir prochainement dégager d'un beau bloc de
marbre l'idéale Galathée qu'il sentait déjà vivre
dans sa pensée. Il serrait l'argent de ses économies
dans une petite bourse dont la contenance avait
été calculée pour ne recevoir que juste et en or la
somme qu'il s'était fixée pour commencer en toute
liberté l'œuvre avec laquelle il comptait débuter
au Salon. Il lui fallait 1,200 francs. Un soir il me
montra son trésor : « Le jour où je ne pourrai plus
rien mettre dans ma bourse, me dit-il, je saurai
que j'ai mon compte, et je m'en tiendrai là. Ça
approche, ajouta-t-il en palpant la bourse, encore
cinq ou six louis ! » Quelques jours après je le
rencontrai, il était radieux ; il m'approcha en faisant sonner son gousset.

— J'ai crevé, me dit-il en me montrant cinq ou
six pièces d'or ; la bourse est pleine, et voilà ce
que j'ai de trop. Venez déjeuner avec moi, vous
m'accompagnerez pour chercher un atelier ; dans

huit jours je veux être à l'œuvre. Il arrêta un atelier rue Notre-Dame des Champs. En me quittant
il me donna rendez-vous pour le lendemain chez
lui. Quand j'y arrivai à l'heure convenue, je le
trouvai tout pâle et en train de faire une dépo-
sition à un commissaire de police. Pendant que
nous étions ensemble la veille, on l'avait volé.
Ce vol fut attribué à un ouvrier couvreur, qui,
en réparant un toit, avait vu Joseph compter son
petit trésor. La police ne put découvrir ses traces.
Cet événement porta un coup terrible à l'artiste.

— Il y a des gens qui n'ont pas de chance, dit-il,
et qui perdraient en ayant tous les atouts du jeu
dans les mains. C'est égal, reprit-il, je tenterai l'assaut du Louvre avec le peu qui me reste ; j'y entre-
rai avec du plâtre au lieu d'y entrer avec du bronze
ou du marbre. Tout son courage lui était revenu.
Il essaya, pour se faire quelque argent, de vendre
des statuettes, œuvres de fantaisie faites au hasard
du caprice et pour lesquelles il pouvait jusqu'à un
certain point se passer de modèle, grâce à une
grande science anatomique. Les éditeurs Susse,
Giroux et les autres lui faisaient beaucoup de compliments, mais ne l'achetaient pas. — Appelez-vous
Pradier, lui disaient-ils, — et nous vous payerons
vos statuettes 1,500 francs les yeux fermés. Alors

comme aujourd'hui, la vogue patronait ces gracieux libertinages qui garnissaient les étagères et les petits-dunkerque des boudoirs galants. Les nudités de Joseph étaient trop chastes, c'était trop de la plastique correcte, et il ignorait l'art de tordre un corps féminin dans ces attitudes exagérées qui font ressembler quelques-uns de ces groupes à la mode à des tas de sangsues ivres d'une pléthore sanglante.

La misère revint heurter au seuil du logis. Elle y rentra terrible et impitoyable, comme un ennemi vaincu qui triomphe à son tour et use sans merci du droit de représailles. Ce dénûment était arrivé à un tel degré, qu'un jour un des amis de Joseph l'ayant invité à dîner, l'artiste lui répondit naïvement : « Je crains que cela ne me dérange, ce n'est pas mon jour. » Au lieu de tabac, il fumait des feuilles de noyer qu'il ramassait dans les bois de Verrières, et qu'il hachait menu après les avoir fait sécher. Une seule espérance le soutenait, c'était l'ouverture prochaine du Salon. Dans une chambre sans feu, au milieu d'une température sibérienne, il travaillait depuis trois mois à un saint Antoine, car il avait été forcé de renoncer à son groupe de Galathée, dont l'exécution trop coûteuse avait été renvoyée à des temps meilleurs.

Malgré la modicité de son prix, la terre glaise était encore trop chère pour sa bourse vide, cette même bourse qui avait contenu presque une fortune, car, par une étrange ironie, son voleur la lui avait laissée. Il avait donc été chercher lui-même sa terre glaise dans quelques champs des environs de Paris. Un chiffonnier de la rue Mouffetard, qu'il avait rencontré je ne sais où, lui donnait des séances à cinq sous l'heure, et les trois quarts du temps ce brave homme inventait des ruses angéliques pour ne pas se faire payer. Il s'était pris d'une passion presque paternelle pour Joseph, et, sans rien comprendre à l'art, il avait épousé l'enthousiasme et les espérances de l'artiste. Quand Joseph lui disait en montrant ses carreaux où la gelée avait buriné tous les caprices d'une mosaïque irrisée : « En voilà assez pour aujourd'hui, père Tirly, il fait froid, » le bon vieux répondait : « Ah ! bah, quand on a été à la Bérézina, ça semble une chaufferette chez vous. Lorsque le dernier coup de gradine fut donné à la statue, le père Tirly était aussi joyeux que l'artiste. On approchait de l'époque assignée aux artistes pour l'envoi de leurs productions. Il fallait songer au moulage en plâtre de la statue. Michelli, Fontaine et les autres mouleurs qui travaillaient pour les

artistes ne voulurent pas aventurer un crédit en
voyant le dénûment de Joseph. Tout ce qu'il put
obtenir de l'un d'eux, ce fut la fourniture du plâtre
nécessaire. Aidé de quelques amis, Joseph moula
lui-même sa statue. L'opération dura deux jours
et se termina heureusement. On était alors à la
veille de la date où les œuvres destinées à l'exposition devaient être rendues au Louvre, à minuit
pour dernier délai, les opérations du jury devant
commencer le lendemain même. Pendant la nuit,
une recrudescence de gelée s'étant manifestée, Joseph, pour atténuer l'action du froid sur sa statue,
dont le plâtre encore frais n'avait pas acquis la
cohérence solide qu'il acquiert en séchant, se dé-
pouilla de sa propre couverture, et amoncela,
comme une chaude cuirasse contre les morsures
du froid, tous ses vêtements sur le saint Antoine,
jouant ainsi auprès de lui le rôle de saint Martin.
Le lendemain, deux ou trois amis vinrent chez
Joseph pour l'aider au transport de la statue, que
l'on devait conduire au Louvre dans une petite
voiture qui arriva en retard de quatre heures. Tout
n'était pas fini, la fatalité intervint alors dans la
personne d'un portier absurde qui déclara ne pas
vouloir laisser rien sortir avant le paiement d'un
terme arriéré. On lui fit observer qu'une statue

n'était pas un meuble, et que la loi ne lui en permettrait pas la détention. Il ne voulut rien entendre, et, pétrifié dans son obstination stupide, il exigea une permission du propriétaire. On courut à Passy, où celui-ci demeurait, et on ne le trouva pas, il ne devait rentrer que pour dîner. On y retourna à l'heure indiquée, il venait de sortir. Il était huit heures du soir. On prit le parti de s'adresser au juge de paix. Celui-ci renvoya au commissaire de police, qui commença presque à donner raison au portier. Mais sur les représentations que lui fit Joseph du tort qu'on allait lui causer en lui faisant manquer l'exposition, le commissaire se décida à autoriser l'enlèvement de la statue. Il était alors onze heures du soir. On n'avait plus qu'une heure pour arriver au Louvre. Un givre dangereux rendait les rues presque impraticables. Les voitures n'allaient qu'au pas : il aurait fallu trois heures au moins, et on n'en avait qu'une! et pour comble, des réparations d'égout obligèrent de prendre le plus long chemin. En passant sur le Pont-Neuf, Joseph et ses amis entendirent sonner une demie.

— C'est onze heures et demie, dit Joseph qui suait à grosses gouttes au même endroit où le thermomètre rendait des degrés au pôle.

— C'est minuit et demi, répondit un jeune homme qui se détacha d'un groupe de jeunes gens, qui, arrivés trop tard au Louvre, s'en retournaient avec leurs tableaux. Ils avaient pris leur parti et chantaient gaiement: *Allons nous-en, gens de la noce.*

Joseph et ses amis s'en retournèrent sur leurs pas.

Cette année-là les artistes refusés au Salon, et des plus grands noms, en appelèrent à l'opinion en fondant l'exposition du bazar Bonne-Nouvelle, où ils envoyèrent leurs ouvrages. Le *Saint-Antoine* de Joseph y fut exposé, ainsi qu'une petite statuette de *Marguerite*, qui semblait sortir toute mélancolique de la pensée de Gœthe: ces deux œuvres furent achetées 150 francs par le conservateur du musée de Compiègne. Cette misérable somme permit à Joseph de traîner encore quelque temps, un an à peu près. Ce fut alors qu'il entra à l'hôpital par la protection d'un interne, car il n'avait pas de maladie caractérisée. Il y mourut d'épuisement au bout de trois mois, laissant pour héritage aux bonnes sœurs qui l'avaient soigné une petite figure d'ange que l'on voit encore dans la chapelle de la communauté. Ses œuvres, restées presque toutes à l'état d'ébauche, sont disséminées çà et là dans des ateliers d'amis. M. de Béranger en pos-

sède une dans son cabinet; c'est une petite statuette de grenadier blessé, dont le style rappelle
les meilleurs *grognards* de Charlet.

Joseph D... mourut à vingt-trois ans, sans ran-
cune contre la vie, sans récrimination contre l'art
qui l'avait tué, comme un brave soldat qui tombe
sur un champ de bataille en saluant son drapeau.

Octobre 1849.

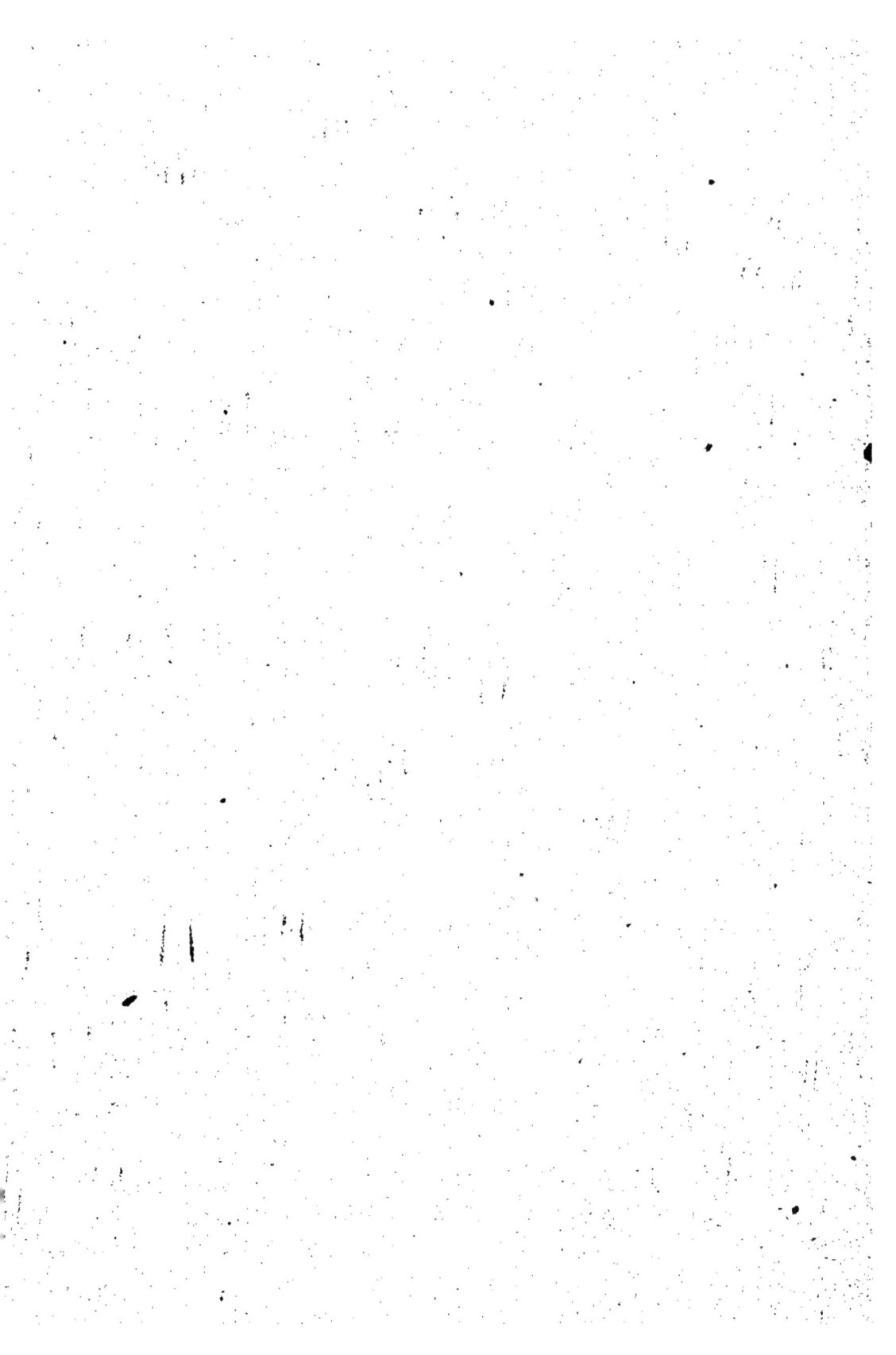

# STELLA.

## I

### LES CHAMPS-ÉLYSÉES.

On était au commencement du printemps. Et dans
les boudoirs fermés par d'épais rideaux, les rayons
du soleil pénétraient aussi, hardis et curieux, et
disaient aux belles dames enfoncées dans la paresse
de leurs divans profonds : Allons, madame, par
grâce quittez votre retraite et livrez votre beau
visage pâli par les fatigues des nuits de plaisir aux
baisers caressants de la brise nouvelle : venez apprendre à l'univers comment on s'habillera cette
année ; venez, madame, que l'on vous voie. Il est
au bois, dans les allées verdissantes, un cavalier

qui guette, impatient, le moment où vous passerez devant lui dans votre rapide équipage, et où il pourra voir flotter une seconde la plume de votre chapeau, ou luire un de vos sourires sous la blonde de votre voile.

Et chez les riches, et chez les pauvres, chez les vieux et chez les jeunes, c'était grande liesse en voyant ce solennel et resplendissant début de la saison pacifique.

Ce jour-là donc le printemps faisait son entrée dans la ville, et tout Paris s'était porté au-devant de lui dans la grande avenue des Champs-Élysées. J'entends par tout Paris, cette partie de la population parisienne qui ne se lève jamais avant midi, et se couche rarement avant deux heures, population paresseuse, élégante, aristocratique, qui peut à son gré, et sur l'heure, faire une réalité des fantaisies qui éclosent à chaque instant au milieu de son oisiveté; heureux privilégiés qui trouvent les roses les plus parfumées écloses sous les neiges de l'hiver, et qui pourraient acheter le soleil, s'il était à vendre. Pour ce monde-là surtout, l'arrivée du printemps était une fête, et il était couru au-devant sur cette belle route de l'Étoile, la grande voie Appienne, où marchaient jadis les légions victorieuses, aux victoires desquelles on a élevé le triomphal monument où les fils vont lire avec orgueil les noms paternels.

Il était trois heures de l'après-midi. Deux longues files de voitures suivaient, comme à Longchamp, les bas côtés de l'avenue, et au milieu, comme un sentier d'honneur abandonné aux princes de l'opulence, couraient les équipages armoriés, dont les magnifiques attelages faisaient l'admiration des piétons et l'envie de ceux-là qui se promenaient dans de modestes carrosses de louage. Les contre-allées étaient encombrées d'une grande foule qui se croisait en tous sens. Vue de la place de la Concorde, dont les fontaines jaillissantes lançaient une pluie diamantée, cette immense perspective, peuplée d'une foule immense, offrait un spectacle inouï de diversité et de mouvement.

Dans une des contre-allées, à la hauteur du Rond-Point, deux jeunes gens qui cheminaient à pied restaient arrêtés comme pour mieux jouir du coup d'œil.

L'un d'eux, le plus jeune, paraissait faible et malade, et semblait s'appuyer sur le bras de son compagnon; celui-ci, qui était un peu plus âgé, avait le cigare à la bouche, le monocle à l'œil, était mis avec une certaine excentricité, et mettait à tout moment la main à son chapeau pour saluer ou répondre aux saluts qui lui étaient adressés par les nombreuses connaissances qui passaient à chaque instant devant lui.

— Ah! çà, mon cher Laurent, lui dit son compagnon, vous connaissez donc tout le monde?

— C'est une des nécessités de mon état, mon ami, répondit le jeune homme, en soulevant de nouveau son chapeau et en s'inclinant à demi devant un personnage décoré d'un ordre étranger, qui venait de passer près de lui.

— Quel est ce Monsieur? demanda le jeune homme.

— Ce Monsieur, dit Laurent, est un savant étranger, à la science surtout. Il signe dans une revue d'architecture des travaux d'archéologie qu'il me paye, à moi, cent francs la feuille, et que je copie très-gravement dans des bouquins achetés trois sous pièce sur les quais. Grâce à ces travaux, il a acquis un certain nom parmi les ignorants; et un livre qu'il a publié dernièrement sur les anciens monuments de la Suède lui a valu la décoration de ce royaume. La manie de ce brave homme m'a déjà rapporté un millier d'écus et voilà pourquoi je lui ai fait un salut à 45 degrés de politesse; c'est au reste, tout ce qu'on doit à la décoration de Suède.— Mais, mon cher Tristan, dit

Laurent à son compagnon, qui l'avait écouté en souriant, comment vous trouvez-vous? Cette course vous a peut-être fatigué! vous paraissez souffrir. Voulez-vous que nous prenions une voiture?

— Merci, dit Tristan; je me sens bien : le grand air me donne des forces. Ce mouvement, ce bruit, me distraient malgré moi. Ah! tenez, c'est une bonne idée que vous avez eue là, de venir m'arracher à ma solitude, où, sans vous, je serais mort d'ennui, autant et plus que de ma maladie.

— Là! je vous le disais bien, moi, que cette promenade vous serait salutaire... Seulement, il faut être prudent et ne point trop vous fatiguer aujourd'hui, afin d'être en état de recommencer demain. Si vous voulez m'en croire, nous allons prendre une voiture, nous irons faire un tour au bois, et nous reviendrons dîner. Melpomène, Thalie, Polymnie et les autres Muses, mes persécutrices quotidiennes, me laissent ma soirée libre, je la passerai avec vous.

— Vous êtes un excellent ami, dit Tristan, mais regardez donc là-bas dans cette voiture, cette femme en chapeau blanc; elle fait un signe de main, n'est-ce pas à vous qu'elle s'adresse?

— Où cela? dit Laurent en braquant son lorgnon vers l'équipage désigné par Tristan — eh!

parbleu oui, c'est moi qu'on appelle, venez avec moi un instant, mon cher.... je vais vous présenter à une des plus aimables femmes de Paris... mademoiselle Stella... S'il n'y a pas opéra ce soir, je puis même vous promettre que nous passerons une délicieuse soirée avec cette aimable personne qui est un Pérou d'esprit, un miracle de beauté, et un trésor de sagesse. — Vous allez crier au paradoxe; mais c'est comme cela.

Malgré lui Tristan s'était laissé entraîner.

— Permettez-moi, madame, dit Laurent, après avoir serré dans la sienne la main que lui tendait la belle artiste, permettez-moi de vous présenter un de mes amis, et soyez assez bonne pour nous accorder une place dans votre voiture, nous ne pouvons pas causer comme cela au milieu de la chaussée. La jeune femme fit un signe gracieux d'assentiment, et les deux jeunes gens montèrent dans la voiture, qui reprit sa course.

Mademoiselle Stella arrivait d'Angleterre où elle avait été engagée pour une demi-saison au théâtre de Sa Majesté. Cet engagement avait été conclu à un prix très-fabuleux, et la belle artiste était depuis peu de jours revenue à Paris, rappelée par l'Académie royale de musique. Il existait depuis long-temps entre elle et Laurent une de ces intimités sympathiques qui se rencontrent souvent dans le monde artistique. Laurent avait été autrefois le voisin de Stella alors que celle-ci n'était encore qu'une simple coryphée dans le corps de ballet de l'Opéra, en même temps qu'il n'était, lui, qu'un de ces mille obstinés jeunes gens qui demeurent dans un grenier et passent leur temps à faire des sonnets aux étoiles. Le jour où Laurent avait eu son premier article imprimé, Stella avait dansé son premier pas, et ils avaient tous deux presque parallèlement suivi la route ascensionnelle qui, peu à peu, achemine à la réputation, où ils avaient fini par arriver presque ensemble. Aussi était-ce toujours avec plaisir qu'ils se rencontraient pour se parler d'autrefois, de ce bon temps où ils étaient si malheureux, de cette gaie misère qui est la préface de presque tous les artistes qui marchent sous le soleil de la célébrité.

Malgré leur fréquence, jamais les rapports qui existaient entre le journaliste et l'artiste n'avaient dépassé les limites d'une amitié franche et dévouée, et qui avait résisté aux cancans de presse et de coulisse.

Pendant la conversation qui s'était engagée entre Stella et Laurent, Tristan, craignant d'être indiscret, avait mis la tête à la portière et regardait

3

les voitures et les cavalcades qui montaient et descendaient l'avenue des Champs-Élysées. Tout à coup, au milieu de la conversation de son ami avec mademoiselle Stella, Tristan entendit prononcer un nom qui le tira subitement de sa distraction, et il prêta dès lors plus d'attention à ce qui se disait près de lui.

— Comment ! exclamait mademoiselle Stella avec un geste d'étonnement : M. Villerey s'est marié, — à son âge ! à soixante-dix ans ! mais c'est un conte incroyable que vous me faites là, mon cher. — J'avais entendu parler de cela à Londres, en effet, — mais je n'ajoutais aucune créance à ces rapports, tant la chose paraissait impossible.

— C'est pourtant comme je vous l'ai dit ; le comte est marié depuis cinq mois... et cette union semble l'avoir rajeuni de vingt-cinq ans... c'est un jeune homme à l'heure qu'il est ; il a mis sa maison sur un pied magnifique, et il a donné cet hiver des fêtes qui ont lutté de somptuosité avec celles des plus grandes maisons des faubourgs Saint-Germain et Saint-Honoré.

— Et sa femme, était elle jeune ?

— Vingt-cinq ans, belle et fière comme une reine ; une créature indomptable, dit-on, qui rend le comte bien malheureux et bien heureux à la fois, car elle a su lui rendre dans toute leur verdeur primitive toutes les passions de la jeunesse.

— Le comte est jaloux de sa femme alors, dit l'actrice.

— Oui, mais il n'a pas lieu de l'être, — je suis sûr de la comtesse de ce côté-là — et elle a l'opinion de son côté. Cette femme est, du reste, tout un problème. Et comme en disant cela, Laurent avait par hasard jeté les yeux à travers la portière, il aperçut un superbe équipage magnifiquement attelé, qui sortait de l'allée des Veuves pour entrer dans le Rond-Point : c'était une calèche découverte, conduite en daumont, et dans laquelle se trouvaient deux femmes, l'une toute jeune encore, l'autre plus âgée ; elles étaient accompagnées d'un vieillard qui paraissait plein de force et de santé.

— Tenez, ma chère, dit Laurent à Stella, — voilà précisément la comtesse de Villerey avec le comte et sa nièce. Regardez....

Au moment où mademoiselle Stella mettait la tête à la portière pour examiner les trois personnes que Laurent venait de lui désigner, Tristan, qui était resté jusque-là silencieux, toucha de la main l'épaule de Laurent, en lui disant :

— Mon ami, permettez-moi de vous quitter. —
Madame, ajouta-t-il en se tournant vers l'actrice,
qui parut singulièrement étonnée en voyant le
visage bouleversé de Tristan, — Madame, soyez
assez bonne pour faire arrêter votre voiture.

— Êtes-vous malade? dit Laurent.

— Désirez-vous que je vous ramène chez vous?
fit Stella.

— Merci, mon ami, continua Tristan avec une
impatience contenue par la politesse. Je n'ai rien,
absolument rien. Seulement il faut que je des-
cende; je viens d'apercevoir là, dans la foule,
quelqu'un que je cherche depuis longtemps, et que
j'ai grand intérêt à rencontrer; cette fois je ne
veux pas le manquer.

Et comme le coupé s'était arrêté, Tristan des-
cendit en faisant un rapide salut à mademoiselle
Stella, et en serrant la main de Laurent, qui ne
put obtenir de lui d'autre explication.

— Ah çà, mais, qu'est-ce qu'il lui prend à votre
ami? dit l'artiste en voyant Tristan qui s'était mis
à descendre la chaussée en courant à toutes jambes.

— Je ne sais, répondit Laurent; au reste, cela
ne me surprend pas de sa part... C'est le plus drôle
de corps que je connaisse. Seulement j'ai peut-être
eu tort de ne pas l'accompagner. Il relève de ma-

ladie, et il est encore très-faible. Si je croyais le
rejoindre, je courrais après lui.

— Il est trop tard, répondit Stella. On ne l'aper-
çoit déjà plus. C'est singulier. Mais l'envie de nous
quitter lui a pris juste au moment où nous nous
sommes croisés avec la calèche du comte de Villerey. J'ai même cru m'apercevoir qu'il avait
échangé un regard avec le comte, et je ne sais pas
pourquoi j'ai dans l'idée que c'est après sa voiture
qu'il a couru.

— Pure illusion, dit Laurent ; il ne connaît ni le
comte ni personne de sa famille ; c'est un garçon
qui n'a jamais été dans le monde, et qui même ne
peut pas le souffrir. Je ne sais pas pourquoi, car il
est fort discret dans ses confidences.

— Où l'avez-vous connu, et depuis quand êtes-
vous liés ? demanda l'artiste, dont Tristan avait
excité la curiosité. Je ne vous avais jamais vus ensemble avant mon départ pour Londres.

— En effet, à cette époque nous ne nous con-
naissions pas, et notre liaison date de votre départ
pour l'Angleterre. Elle a même été contractée dans
des circonstances assez bizarres.

— Contez-moi cela.

— Figurez-vous qu'il y a environ six mois, j'é-
tais secrétaire d'un député qui habitait alors une

villa de Passy. Un jour que j'avais passé la nuit
pour lui préparer un discours, qu'il devait prononcer le lendemain, ayant affaire à Paris de grand
matin, j'avais quitté Passy à cinq heures, et je
traversais le bois de Boulogne en ruminant un
scenario de comédie, car je songeais alors à com-
bler par des bénéfices dramatiques les pertes que
m'avait causées le lansquenet. Je suivais un de
ces sentiers de traverse qui relient entre elles les
grandes routes du bois, lorsque je crus apercevoir
derrière les feuilles des buissons une forme hu-
maine ; et comme je m'avançais avec précipita-
tion, très-inquiet de savoir ce qu'un homme pouvait faire en bras de chemise à cinq heures du
matin dans le bois de Boulogne, je m'aperçus, à
temps heureusement, que cet inconnu matinal était
venu chercher l'ombre des bois ou les lueurs de
l'aurore pour mettre fin à ses jours.

Malgré le déplorable état de ses vêtements, je
vis sur-le-champ que j'avais affaire à un homme
distingué. Cet intelligent visage, cette jeunesse
qui venait résolûment dire adieu à la part du bonheur que la Providence ne voulait pas lui compter
m'émurent profondément. Aussi, au moment où
le jeune homme achevait ses préparatifs funèbres,
en murmurant tout bas quelques paroles où reve-

nait souvent un nom de femme, je sortis du taillis
derrière lequel je m'étais caché pour l'observer, et
je m'élançai vers lui en lui arrachant des mains
l'arme meurtrière que, pour surcroît de précaution,
je déchargeai en l'air.

L'inconnu, ou Tristan, car c'était lui, demeura
comme immobilisé par la surprise, et me regarda
avec deux grands yeux fatigués et pleins de larmes.

— Allons, dit-il, comme se parlant à lui-même,
— ce sera pour une autre fois.

— Oh ! monsieur, lui dis-je, je n'ai pas l'honneur
d'être connu de vous, mais je serais bien heureux
si je pouvais trouver tout d'abord quelques paroles
qui pussent me faire écouter et m'attirer votre
confiance. — Mais avant tout, jurez-moi que vous
renoncerez à votre sinistre projet.

— Vous m'avez empêché, pour aujourd'hui, de
le mettre en exécution, me répondit-il, et d'ailleurs, qui sait... si j'aurais eu le courage d'accomplir cet acte qui aurait assuré ma tranquillité ? Car
voilà huit jours... Et Tristan acheva mentalement
son idée. Je compris, par ce qu'il en avait laissé
échapper, qu'il avait plusieurs fois songé à mourir, et que le courage lui avait manqué. Peu à
peu, cependant, Tristan se calma, et comme ces

enfants qui ont le sourire à côté des larmes, il me
parla bientôt dans un langage qui, cela était facile
à comprendre, prenait sa source dans une nouvelle
espérance qui venait subitement d'éclore après sa
grande crise de désespoir.

.— Vous devez me trouver bien ridicule, monsieur, me dit-il, en me montrant le pistolet dé-
chargé qui était à terre. Il m'eût été facile d'accomplir ma résolution, et je me suis laissé désarmer
bien facilement... En vérité, on eût dit que je vous
attendais..., et si vous saviez..., si vous saviez
combien je suis malheureux, combien je souffre ;
et il accompagna ces paroles d'un geste désespéré.

Je compris que Tristan était sur le bord d'une
confidence, et qu'il me serait facile d'avoir le secret de ce désespoir en employant le moyen diplo-
matique des consolations, qui réussit toujours près
de ceux qui souffrent réellement, et mieux encore
près de ceux qui croient souffrir. Je parvins à le
décider à venir avec moi à Paris, et il y consentit.

Au bout d'une heure nous arrivions chez lui,
car il avait refusé de m'accompagner chez moi.
Je remis à un autre jour l'affaire que j'avais à ter-
miner, et, excité par la curiosité autant que par
la sympathie naissante que je ressentais pour lui,
je consentis à le suivre à son logement. Oh ! ma

chère, vous souvenez-vous de nos mansardes d'autrefois, que nous trouvions si hautes, si sombres et si pauvres ?.. eh bien ! ce seraient de petits palais en comparaison de l'affreux grenier où logeait ce pauvre diable. Jamais la misère ne s'était montrée sous un aspect plus lamentable, et je me sentis le cœur serré quand il m'ouvrit la porte.

Oubliant qu'il avait un étranger près de lui, en rentrant dans cette chambre qu'il avait quittée dans l'intention de n'y plus revenir, Tristan fut pris d'une violente émotion. Il ressentait cette singulière et indéfinissable ivresse qu'on éprouve alors qu'on vient d'échapper à un danger qu'on avait volontairement cherché. Sans me parler, il courut ouvrir un meuble duquel il tira un objet que je ne pus distinguer, et qu'il porta plusieurs fois à ses lèvres, en riant et en pleurant tout à la fois. Quand il fut un peu remis, il s'assit sur le rebord de son lit, un grabat, et m'indiqua l'unique chaise qu'il possédait :

« A quoi bon en avoir davantage ? me dit-il avec un triste sourire, je suis toujours seul. »

Alors il me raconta longuement son histoire, s'arrêtant sur les détails qui lui rappelaient d'heureux souvenirs. C'était quelque chose de bien simple, de bien vulgaire, que cette histoire, formée des choses les plus belles et les plus douloureuses

de la vie, l'amour et la poésie. Quant à sa position
misérable, il refusa de s'expliquer nettement à ce
sujet ; mais, au milieu des réticences de son récit,
je compris que cette misère n'était pas absolue, et
qu'il ne tenait qu'à lui d'en sortir, sans doute au
prix de quelque sacrifice d'amour-propre auquel
sa fierté ne voulait pas se résoudre.

Pour tâcher d'entrer plus avant encore dans sa
confiance, je caressai sa vanité de poëte en le priant
de me lire de ses vers. Il se fit un peu prier, puis
à la fin il consentit à me les montrer. Ils étaient la
plupart fort mauvais. Mais en sentant combien
était profond et sincère le sentiment qui les avait
inspirés, je lui fis des compliments qui le firent
sourire légèrement, surtout quand il sut mon nom,
qu'il avait peut-être vu plusieurs fois au bas de
quelques articles de critique où j'attaquais précisément le genre de poésie qui était le sien... Enfin,
après lui avoir, comme on dit, remonté le moral,
je le quittai, promettant de revenir le voir, ce que
je fis le soir même. Depuis ce temps-là, nous nous
voyons tous les jours. Je suis parvenu à vaincre
ses susceptibilités d'amour-propre et à lui faire
accepter mes services. Dernièrement il a fait une
longue maladie à la suite d'une grande crise morale dont j'ai jusqu'ici ignoré l'origine ; mais, à

force de soins, on l'a rappelé à la vie : c'était aujourd'hui sa première sortie et je ne suis pas sans inquiétude, car il n'est pas bien robuste. Enfin j'espère qu'il ne lui sera pas arrivé d'accident. Au moment où Laurent prononçait ces paroles, un grand bruit se fit entendre ; et Laurent, qui venait de passer la tête à la portière de la voiture, redescendue à l'entrée des Champs-Élysées, aperçut au milieu d'un groupe le corps d'un homme renversé.

« Ah ! mon Dieu ! s'écria le jeune homme, regardez donc, Stella ! »

Ils venaient de reconnaître Tristan.

## II

## LA MANSARDE.

Laurent et sa compagne descendirent précipitamment de leur voiture, et s'approchèrent du groupe au milieu duquel Tristan était évanoui. Voyant que son ami était hors d'état de lui répondre, Laurent interrogea quelques personnes qui se trouvaient là :

— Il n'est pas blessé? demanda-t-il.

— Non, lui répondit-on ; il n'est qu'évanoui.

— Mais que lui est-il donc arrivé ?

— Nous ne savons ; il a poussé un grand cri en étendant les bras, et il est tombé !

— Y a-t-il longtemps ? demanda mademoiselle Stella.

— A l'instant.

— Allons, dit Laurent un peu tranquillisé, ce n'est rien, une faiblesse ; cela se comprend, dans son état ; et, aidé de deux autres personnes, il transporta Tristan, qui n'avait point repris connaissance, dans la voiture de l'artiste, que celle-ci avait mise à sa disposition.

Trois quarts d'heure après, ils arrivaient tous trois au logement que Tristan occupait dans le quartier latin. On mit le jeune homme sur son lit, et, comme Laurent était inquiet en voyant que Tristan n'était point revenu à lui, il envoya chercher un médecin par le portier. Stella, assise sur une chaise, était restée immobile et promenait ses yeux par la chambre. C'était une petite chambre, plus longue que large, formant pour ainsi dire corridor. Elle recevait le jour par une fenêtre dite tabatière, à la hauteur de laquelle on ne pouvait atteindre qu'en montant sur une chaise. Mais alors on découvrait en partie l'admirable panorama des environs de Paris. Les murs de cette cellule désolée suintaient l'humidité qui s'écoulait en grosses larmes jaunes pareilles à des perles d'ambre échappées d'un collier rompu. Les meubles formaient l'éclectisme le plus misérable. Le lit, sur lequel Tristan était toujours étendu, immobile et les yeux ouverts, était

un de ces lits de forme impériale ; seulement les
ornements de cuivre qui le garnissaient avaient été
enlevés et vendus dans un jour de besoin : ce lit,
garni d'un maigre matelas, était rompu par les insomnies fiévreuses, et les draps qui s'en échap-
paient étaient de cette toile grossière, rude et grise,
qu'on emploie dans les ménages des pauvres gens.
La cheminée était encore chargée de fioles et de
flacons de pharmacie employés pendant la dernière
maladie du jeune homme : cette cheminée, dont
*le marbre* en pierre était rompu, était surmontée
d'une petite glace de forme Louis XV, dont le cadre
était vermoulu et dédoré ; la glace reflétait une
grande statuette de la Polymnie antique. Au-dessus
de cette glace, on voyait, accrochée au mur, une
vieille couronne de bluets horriblement fanée et
qu'on avait voulu préserver de la poussière en l'entourant d'un morceau de gaze. Tous les autres
meubles, qui se bornaient du reste à un secrétaire,
une commode, un fauteuil, dit bergère, et deux ou
trois chaises défoncées, étaient tous dans le plus
mauvais état de conservation ; c'était enfin le dernier mot du bric-à-brac. Le carreau de la chambre
était froid et humide comme les murs.

En examinant tous les détails de ce morne et
désespéré séjour, le cœur de l'artiste s'était gonflé

de tristesse, et la pitié, cette fleur si prompte à éclore dans le cœur des femmes, venait de s'ouvrir dans le sien.

— Mon Dieu! dit-elle à Laurent, qui était resté comme elle silencieux, comment peut-on vivre ici? c'est horrible!... Mais vous, qui êtes son ami, Laurent, ajouta Stella, vous devriez forcer ce jeune homme à quitter cet abominable trou; vous devriez l'y aider, vous le pouvez.

— Ma chère, je vous ai déjà dit que j'ai eu la plus grande peine à lui faire accepter mes services pendant sa dernière maladie. Vous ne connaissez pas l'amour-propre obstiné de ce garçon, et c'est un miracle que j'aie pu le vaincre. Malade assez dangereusement, il m'a fallu employer des trésors de diplomatie pour le faire consentir à recevoir les secours que réclamait son état. Je lui ai proposé cent fois de quitter cette mansarde affreuse, si noire que le soleil lui-même refuse d'y entrer. Jamais, sur ce point, je n'ai pu parvenir à vaincre l'obstination de Tristan. Il veut rester ici quand même; ce lieu, dit-il, lui rappelle des souvenirs au milieu desquels il veut vivre.

— Mais enfin, dit Stella, quelles sont ses ressources? a t il des moyens d'existence?

— Il n'en avait aucun lorsque je l'ai connu, et

vivait alors je ne sais comment. Depuis notre liaison, je lui ai procuré quelques petits travaux ; et d'ailleurs ma bourse lui est toujours ouverte.

En ce moment, le portier de la maison entra accompagné du médecin ; c'était celui qui dernièrement avait soigné Tristan.

— Eh bien ! demanda-t-il à Laurent qu'il connaissait, qu'est-il donc arrivé ? Notre malade aura fait une imprudence sans doute ?

Laurent en deux mots lui expliqua ce qui était arrivé : la sortie de Tristan, la façon brusque dont il l'avait quitté pour courir après quelqu'un, et comment, une demi-heure après, ils l'avaient trouvé évanoui dans une allée des Champs-Élysées.

— Vous ne savez rien de plus ? dit le docteur, qui tâtait le pouls du malade.

— Je n'ai pu en apprendre davantage, reprit le jeune homme. Seulement je commence à croire qu'il y a là plus qu'une simple faiblesse. Tristan était plein de force quand il nous a quittés ; son évanouissement a certainement une autre cause que la fatigue. Il doit résulter d'une grande commotion morale ; seulement j'en ignore l'origine, car nous n'avons pu, madame et moi, lui arracher une seule parole pendant le trajet des Champs-

Élysées jusqu'ici, et, depuis notre retour, il n'a pas quitté la position où vous le voyez.

— C'est une crise nerveuse, dit le docteur. Seulement, comme je l'ai observé depuis que je le traite, ce jeune homme a une organisation très-bizarre. Ce sont des crises muettes, sourdes, intérieures, qui ne se traduisent pas comme d'habitude par des cris et des convulsions. Ainsi, en ce moment, voyez-le, sous ce masque calme, sous cette tranquillité apparente, il doit y avoir une douleur très-violente... plusieurs fois déjà je l'ai vu ainsi.

— Serait-ce dangereux ? demandèrent ensemble Laurent et Stella.

— Pas absolument, répondit le docteur, qui s'était mis à une table et préparait son ordonnance. Habituellement cela dure une heure au plus, et se termine par un long sommeil. Il faudrait lui faire prendre cette potion. Il serait prudent aussi que quelqu'un restât auprès de lui. Je reviendrai ce soir, en tout cas.

Laurent envoya le portier chercher la potion indiquée par le docteur. Celui-ci revint peu d'instants après ; il était accompagné d'un domestique en grande livrée, auquel il dit en entrant :

— M. Tristan, c'est ici ; mais il est malade et ne pourra vous répondre.

— Que demandez-vous ? dit Laurent au domestique, pendant que mademoiselle Stella l'examinait attentivement.

— Je viens de la part de mon maître savoir des nouvelles de M. Tristan.

— Votre maître... qui est votre maître ?

Le domestique hésita un instant, et finit par ne point répondre. — Mon maître, reprit-il, a su l'accident arrivé tantôt à M. Tristan, et il m'a chargé de venir savoir quelles en étaient les suites, voilà tout.

— Mais encore, qui est votre maître ? insista Laurent.

— M. Tristan le connaît bien, répondit celui-ci ; c'est un de ses amis.

Voyant que l'homme à la livrée s'obstinait dans sa discrétion, Laurent lui répondit :

— Vous direz à votre maître que l'accident de M. Tristan n'a pas eu de suite grave, et que demain, sans doute, il sera en état d'aller le remercier de l'intérêt qu'il a bien voulu prendre à lui... Seulement il serait utile que vous me disiez de quelle part vous venez, pour que j'en instruise M. Tristan.

— Ce n'est point la peine, dit encore le domestique ; mon maître voulait avoir des nouvelles de M. Tristan, mais il ne tient pas à ce que celui-ci sache qu'il a envoyé chez lui. Et il sortit gravement.

— Ah çà, dit Laurent, cet homme est un sphinx en livrée !

— Non pas, dit Stella ; je le connais, moi, et je sais d'où il vient. Cet homme est le premier valet de chambre de M. de Villerey.

— Vous êtes sûre, dit Laurent, que cet homme appartient au comte de Villerey?

— Je l'ai vu assez souvent autrefois lorsqu'il venait accompagner son maître à l'Opéra : il doit même m'avoir reconnue.

— Mais comment se fait-il que le comte de Villerey s'inquiète ainsi de Tristan, et pourquoi veut-il laisser caché l'intérêt qu'il lui porte?

— Nous sommes, dit Stella, sur la voie du mystère. Mais écoutez, dit-elle, la potion ordonnée par le docteur commence à opérer sur notre malade; Tristan a bougé : il ouvre les yeux.

— Il parle, dit Laurent en s'approchant du lit et en aidant celui-ci à se mettre sur son séant.

Tristan, en effet, venait d'ouvrir les yeux, ses membres contractés se détendirent peu à peu; mais un frisson général succéda à l'insensibilité d'où il venait de sortir. Il regarda Laurent et Stella sans les reconnaitre ni l'un ni l'autre. Puis, après

avoir levé la tête et tendu le cou dans l'attitude
d'un homme qui écoute des sons lointains, il prit
sa tête dans ses mains avec un geste désespéré ; ses
yeux s'allumèrent et lançaient autour d'eux des
flammes fiévreuses ; puis, comme s'il reculait devant une apparition, il s'enfonça dans ses couver-
tures, et poussa deux ou trois sanglots qui étran-
glèrent et rendirent inintelligibles les paroles qu'il
avait prononcées.

— Il faut renvoyer chercher le docteur, dit
Stella ; son état parait étrangement inquiétant ; je
suis maintenant convaincue qu'il s'est passé quelque chose d'extraordinaire pendant le temps qu'il
nous a quittés.

Laurent commençait à partager les inquiétudes
de l'artiste ; penché à demi sur le lit du malade, il
épiait le moment où celui-ci sortirait de sa torpeur
fiévreuse et laisserait échapper quelque parole qui
pouvait révéler la cause mystérieuse de la crise à
laquelle il était en proie depuis deux heures.

Une nouvelle cuillerée de la potion, que Stella
ingurgita de force entre les lèvres serrées du malade, apporta un peu de calme à la situation de
Tristan ; il leva les yeux sur sa belle garde-malade,
et un vague sourire effleura sa bouche. Puis tout
d'un coup l'expression de son visage changea encore

entièrement ; il saisit avec force dans ses mains les mains de l'artiste, et il s'écria :

— Vous !... quoi ! c'est vous ici !... Enfin, l'on m'avait donc trompé, Hélène !... vous ne m'avez pas oublié... vous vous êtes souvenue, et vous voilà auprès de moi, ici, dans mes bras, ajouta-t-il en entourant d'une forte étreinte la taille de Stella, qui, d'un signe, avait appelé auprès d'elle Laurent pour qu'il vînt l'aider à contenir le délire du jeune homme.

D'une voix toujours violemment émue, mais moins convulsive, et dont les mots étaient pleins de notes caressantes, Tristan continuait :

— O Hélène ! pauvre amie !... vous êtes venue à temps... Plus tard, vous ne m'auriez pas retrouvé, et je serais mort sans vous voir..... C'est fini, c'est fini, voyez-vous ; le bonheur rêvé ne se réalisera plus jamais..... Oui, reprit-il plus bas, et comme s'il répondait à une question de l'être imaginaire auquel il croyait parler, oui, je sais que vous m'aimez autant que je vous aime ; vous voudrez lutter comme j'ai voulu le faire ; mais j'ai été vaincu dans cette lutte, et vous le serez comme moi... Cette femme a juré notre malheur à tous deux, il s'accomplira... Il s'accomplira, reprit Tristan d'une voix plus haute, toujours

comme s'il répondait à une interruption. Je connais cette femme, vous dis-je ; elle arrivera à ses
fins, et tous les moyens lui seront bons pour y parvenir... Son intérêt d'ailleurs exige que nous soyons
séparés... Oh ! dès le premier jour, j'avais tout
prévu... L'influence qu'elle exerce sur celui de qui
dépend mon sort est invincible, et rien ne pré-
vaudra contre elle... Ils m'ont condamné, Hélène...
Voilà pourquoi j'ai voulu mourir... Mon agonie a
été longue et douloureuse... mais je suis à bout de
mes souffrances... Votre vue donnera des forces à
mon courage... Ah ! Hélène, vous avez bien fait de
venir..... Vous voyez, je suis raisonnable... vous
leur direz, à ceux qui m'ont persécuté, que je suis
mort sans haine... sans colère... Pourtant je suis
jeune... et cela est rude et cruel, de s'en aller si
vite... quand le soleil de ma vingtième année est
encore à son midi... Mais mieux valait en finir
tout de suite que de prolonger ses tortures... Tenez,
Hélène, je vais vous rendre tout ce que j'ai à
vous..... tous ces charmants souvenirs que vous
m'aviez donnés aux jours lointains de ce bonheur
qui ne devait pas avoir de suite... Vos lettres surtout, reprenez-les... Si on les trouvait ici après ma
mort, mon ennemie pourrait en faire des armes
contre vous.

Et Tristan tira de dessous son traversin un petit coffret d'ébène qu'il remit entre les mains de Stella, qui consentit à le prendre, sur un geste de Laurent.

— Il faut absolument renvoyer chercher le médecin, dit Stella; son délire continue, son pouls est brûlant, il a la fièvre chaude.

— Je vais appeler le portier, dit Laurent; mais en sortant de la chambre il trouva le portier de la maison qui montait au même moment; avec lui montait une jeune fille qui paraissait en proie à une violente émotion.

— Monsieur, dit le portier à Laurent, voici une demoiselle qui veut parler à M. Tristan... Je lui ai dit qu'on ne pouvait pas le voir en ce moment, elle a voulu monter; comme vous êtes l'ami de M. Tristan, vous saurez mieux que moi ce qu'il faut faire.

— Bien, mon ami, dit Laurent; allez vite chez le médecin, et tâchez de le ramener avec vous. Tristan va plus mal.

— Ah! dit la jeune fille en se précipitant dans la chambre, on ne m'avait pas trompée, il est en danger. Où est-il? où est-il? s'écria-t-elle hors d'elle-même en repoussant Laurent. Mais, au premier coup d'œil jeté dans la chambre, elle aperçut

Tristan qui avait la tête penchée sur la poitrine de Stella, et elle vit celle-ci qui tenait encore à la main le coffret d'ébène. En levant les yeux, Tristan rencontra ceux de la jeune fille. Un grand cri de surprise s'échappa de sa bouche ; il repoussa violemment Stella, et étendit les bras vers l'inconnue en s'écriant : Hélène ! Hélène !

# III

## L'ENTRETIEN.

Pour l'intelligence de ce récit, nous conduirons maintenant le lecteur à l'hôtel du comte de Villerey, dont c'était, ce soir-là, le jour de réception. Il était neuf heures et demie, et une longue file de voitures qui stationnaient devant l'hôtel du comte indiquait qu'une affluence considérable de monde devait se presser dans ses salons. Cette fête, qui, en effet, était la dernière de la saison, avait nécessairement attiré tous les fidèles de l'hôtel, et les personnes qui n'y venaient point régulièrement étaient venues s'y montrer, ne fût-ce qu'une heure, pour saluer le comte et la comtesse, qui devaient, aussitôt leur salon fermé, quitter Paris pour aller habiter une

terre qu'ils possédaient dans le Bourbonnais. Ce
départ devait avoir lieu après le mariage de mademoiselle Hélène de Bervilliers, avec M. Ferdinand
de Meillery, le fat le mieux ganté de France et de Na-
varre. Mademoiselle de Bervilliers, fille du général
de ce nom, mort pendant l'expédition de Constan-
tine, était restée orpheline de très-bonne heure, et
M. de Villerey, qu'une longue amitié avait lié au
feu général de Bervilliers, avait été nommé le tuteur de la jeune fille, qu'il avait laissée dans une
maison d'éducation jusqu'à l'époque où son mariage
lui avait permis de la prendre dans sa maison.
Hélène de Bervilliers avait dix-huit ans, et c'est
d'elle surtout, pour la définir, en un mot, qu'on
eût pu dire, comme le poëte : *Mens blanda in
corpore blando.* Ce qui ne gâtait rien à son état
dans le monde, la fille du général de Bervilliers
était de plus une héritière, dont la dot était suffi-
samment attrayante pour lui attirer toute une cour
d'adorateurs.

A son premier pas dans le monde officiel, aimée
comme une fille par le vieux comte de Villerey,
Hélène, durant les premiers temps de son séjour à
l'hôtel, avait toujours été très-froidement traitée
par la comtesse, qui, dans les plus petits détails
de la vie privée, semblait prendre à tâche de lui

prouver son antipathie, et c'était quelque chose de
terrible que l'antipathie de madame de Villerey.
La suite de cette histoire montrera, sous son vrai
jour, le caractère de cette femme, une de ces créa-
tures fatales, venues au monde pour briser les
destinées de ceux qui les entourent, et dont on ne
peut toucher une fois la main sans qu'il en résulte
une blessure au cœur. Cependant, au bout d'un
mois, les manières de madame de Villerey chan-
gèrent complétement dans sa façon de vivre avec
la jeune orpheline, qui avait toujours opposé une
douceur angélique aux duretés de toutes sortes
dont l'accablait la femme de son tuteur. Cette métamorphose, qui, du reste, ne s'était accomplie
qu'après avoir passé par toutes les nuances habiles
d'une transition qui devait faire croire à la sincérité de ce retour, étonna néanmoins Hélène ; mais
elle ne tarda pas à en deviner le véritable motif,
et le jour où elle fit cette découverte fut le jour où
elle s'aperçut que M. Ferdinand de Meillery, parent
de la comtesse, et devenu l'un des familiers de la
maison depuis le mariage du comte, était fort em-
pressé autour d'elle. Hélène, pour des raisons qu'on
saura tout à l'heure, ne fit aucune attention aux
soins dont elle était l'objet de la part du jeune de
Meillery, et ce fut cette froideur et cette inatten-

tion qui redoublaient l'empressement et les caresses
hypocritement maternelles de madame de Villerey,
dont le but était d'amener un mariage entre les
deux jeunes gens. Aussi fournissait-elle à son protégé tous les moyens possibles pour arriver à la
conquête de la pupille de son mari ; il est vrai de
dire que, commercialement, c'était là une excel-
lente spéculation pour M. de Meillery, à qui il
n'allait bientôt plus rester, pour tout bien, que son
inaliénable fatuité. Il y avait donc ligue évidente
entre la comtesse et le jeune homme dont les em-
pressements devenaient de jour en jour plus signi-
ficatifs aux yeux l'Hélène, quoi qu'elle fit pour ne
rien voir. Cependant certains bruits qu'elle enten-
dait vaguement courir autour d'elle, quelques propos indiscrets que lui rapportèrent de jeunes
femmes et des jeunes filles de sa connaissance, et
plus que tout cela, l'attitude et les apparences de
fiancé accepté que prenait M. de Meillery, avec un
grand air de sincérité vinrent éclairer Hélène qui
avait toujours éprouvé une aversion instinctive
pour ce jeune et outrecuidant personnage, et un
jour elle fut instruire son tuteur de ce qui se
passait. M. de Villerey rassura la jeune fille en
lui disant que tous ces bruits n'avaient aucun fon-
dement sérieux, que sa mission de tuteur lui impo-

sait d'empêcher qu'elle ne fût violentée dans ses sentiments, et qu'elle eût à se tranquilliser. Cependant, comme les assiduités de Ferdinand redoublèrent de nouveau, et qu'un soir, au milieu d'une nombreuse réunion, Hélène le vit recevoir les compliments qu'on lui adressait à propos de son prochain mariage, la jeune fille ne put s'empêcher d'être inquiète encore davantage, et elle pressentit qu'elle allait avoir une lutte terrible à soutenir contre l'influence qui protégeait M. de Meillery, et le maintenait dans ses impertinentes espérances. Un second entretien qu'elle eut avec son tuteur vint encore autoriser et augmenter ses craintes. Le comte changea de système tout à coup, et aux premières paroles d'Hélène sur M. de Meillery, il lui répondit qu'une pupille devait avoir l'obéissance d'une fille, et s'en rapporter entièrement aux décisions de l'homme que la loi lui avait donné pour père. Sans rien préciser pourtant, le comte fit comprendre à Hélène qu'elle avait, en tout cas, tort de rejeter si loin l'union très-honorable que paraissait désirer M. de Meillery ; et sur ce propos, le comte fit du jeune homme un portrait des plus avantageux.

Comme Hélène, atterrée devant ce changement qui venait de se manifester dans l'esprit de son tuteur, combattait avec toute la force que lui donnait la répulsion qu'elle éprouvait pour M. de Meillery ; comme elle essaya même de rappeler timidement, et avec toutes sortes de recherches de langage, que son cœur ne lui appartenait plus, et qu'il était donné depuis longtemps déjà : A celui que vous savez bien, ajouta-t-elle, plus bas encore, en voyant les nuages de colère sourde que cet aveu faisait monter au visage de son tuteur ; celui-ci, pour toute réponse, et malgré ses supplications éplorées, renvoya brusquement Hélène en lui disant :

— Au surplus, ces affaires-là ne me regardent pas, ma femme s'est chargée de votre avenir, vous savez combien vous lui êtes chère, et c'est montrer au moins de l'ingratitude en reconnaissant si mal les soins dont elle vous entoure.

Hélène baissa la tête, elle était toute seule à lutter contre sa destinée.

Le lendemain même, un peu avant la soirée, après un entretien qu'elle avait eu avec son mari, la comtesse de Villerey annonça à Hélène que M. Ferdinand de Meillery avait demandé sa main et que, comme ce mariage satisfaisait au delà de tous les désirs, les convenances, M. de Villerey avait répondu au jeune homme qu'il acceptait au nom de sa pupille, et qu'on allait faire en sorte d'abréger toutes les lenteurs des formalités pour que le mariage pût s'accomplir avant le départ pour la campagne.

M. de Meillery, de son côté, sûr de la promesse de M. de Villerey, et protégé par sa femme, s'occupa d'Hélène avec plus d'insistance qu'il ne l'avait jamais fait. C'étaient tous les jours des galanteries, des bouquets, des madrigaux, qui rendaient Hélène encore plus malheureuse. Cependant, voyant l'inutilité d'une lutte ouverte contre ceux qui voulaient violenter son opinion, Hélène parut prendre un parti, et devint plus calme; mais c'était ce calme trompeur qui couve une résolution prise.

Cette résignation apparente d'Hélène, au lieu de satisfaire madame de Villerey, l'inquiéta au contraire, comme elle inquiétait de son côté M. de Meillery, qui ne s'était jamais abusé sur la nature des sentiments qu'il inspirait à Hélène, mais qui n'était point homme à s'en embarrasser; car, pour lui, la question d'intérêt était bien au-dessus de la question de conscience. Seulement, comme nous l'avons dit, l'attitude d'Hélène pendant les préparatifs de ce mariage, dont on voulait hâter la célébration, donnait de vagues appréhensions à Ferdi-

nand; avec cette prescience qu'on acquiert en de
certaines occasions, il lui paraissait entendre
sourdre dans l'avenir des événements qui s'élève-
raient entre lui et la jeune fille, et qui viendraient
mettre à néant toutes ses espérances de vanité et
de fortune. Il confia ses craintes à sa protectrice,
madame de Villerey.

— Allons donc, Ferdinand! lui répondit la comtesse; vous n'êtes pas raisonnable, et vos terreurs
sont des enfantillages! Votre mariage est convenu,
l'époque de sa célébration est fixée, elle s'accomplira; qui pourra l'empêcher? la volonté d'Hélène
est sans force, et elle l'a bien compris en se sou-
mettant aux désirs de son tuteur, qui, vous le
savez, ne fait que ce que je veux.

— Mais, madame, reprit Ferdinand, mademoiselle Hélène ne m'aime pas; et cette résignation
dont vous me parlez est peut-être encore quelque
chose de plus dangereux pour moi qu'une résistance
poursuivie. J'ai étudié le caractère de cette jeune
fille, et j'ai cru m'apercevoir qu'elle avait à un
haut degré la science de dissimulation, qui, chez
les femmes, et particulièrement chez les natures
timides, atteint toujours les proportions du génie.

— Mais enfin, que concluez-vous? et à quoi
tendent toutes vos paroles?

— Je conclus, madame, reprit Ferdinand, que votre pupille a en tête quelque projet dont le résultat n'éclatera qu'au moment où nous ne pourrons plus le conjurer... Et, s'il faut tout vous dire, j'estime que cette antipathie que mademoiselle Hélène professe contre moi a sa source dans l'estime qu'elle éprouve pour un autre.

— Qui peut autoriser un pareil soupçon !fit madame de Villerey.

— Ne donnez point à mes paroles un autre sens que celui qu'elles ont réellement, madame, reprit Ferdinand. J'ai, je vous le répète, des soupçons, mais purement moraux. Seulement, et l'expérience qu'en d'autres occasions j'ai pu faire de ces sortes de phénomènes me ferait affirmer que j'ai encore aujourd'hui raison dans mes prévisions, je dois avoir, j'ai un rival ! mais où est-i l? qui est-il? voilà ce que j'ignore, et ce que je veux ignorer quand même, ajouta Ferdinand en s'inclinant devant madame de Villerey avec un sourire affecté.

— Et quand vous auriez raison dans vos soupçons bizarres et non justifiés, dit la comtesse, cela changerait-il vos résolutions? La belle affaire ! quelque amourette de pensionnat ; moins encore, une fantaisie imaginaire, une idylle comme il en

fleurit dans le cœur des adolescentes! Seriez-vous
donc jaloux d'un vague idéal?

Ferdinand sourit d'un air de doute, et jeta à
madame de Villerey un regard qui parut l'étonner.

— Point tant d'ambages, monsieur! dit-elle, et
sans plus tarder venez au but : que savez-vous sur
le compte de mademoiselle Hélène?

— Je n'ai rien à ajouter à ce que j'ai dit, fit
Ferdinand; et, après avoir humblement salué madame de Villerey, il sortit.

— Qu'est-ce que cela signifie? dit la comtesse;
et elle sonna une de ses femmes.

—Sophie, lui dit-elle, priez mademoiselle Hélène
de passer chez moi.

Au bout de cinq minutes, la femme de chambre
revint :

— Mademoiselle est sortie, dit-elle.

— Sortie! fit madame de Villerey. Seule, c'est,
singulier! au moment d'entrer au salon! Qu'est-ce
que cela signifie? Et en proie à une inquiétude
croissante, la comtesse entra chez son mari.

# IV

## L'INTRIGUE.

Comme madame de Villerey quittait son appartement pour se rendre à celui de son mari, un domestique occupé par quelques apprêts pour la soirée, aperçut la comtesse qui allait frapper à la porte du cabinet du comte.

— Monsieur n'est pas chez lui, dit le domestique en s'inclinant profondément devant sa maîtresse.

Celle-ci s'arrêta un instant surprise ; puis ayant entendu un bruit de voix dans la pièce où elle se disposait à entrer, elle dit au valet :

— Monsieur est rentré : je l'entends parler.

— Monsieur le comte est en effet chez lui, dit le domestique un peu interdit ; mais il désire être seul, et a défendu de laisser entrer personne.

Madame de Villerey frappa du pied le plancher avec une impatience qui n'allait sans doute pas tarder à devenir de la colère ; mais deux ou trois minutes de réflexion froide calmèrent son humeur irritable. Elle quitta donc l'antichambre en disant au domestique de son mari :

— Vous viendrez m'avertir aussitôt que monsieur le comte sera libre.

— Qu'est-ce que cela veut dire ? murmurait-elle à voix basse ; M. de Villerey enfermé chez lui, en conversation secrète avec son premier valet de chambre, car c'était bien lui : j'ai reconnu sa voix ; et je suis certaine d'avoir entendu aussi prononcer le nom de Tristan. — Que peuvent-ils donc avoir à se dire sur le compte de ce jeune homme ? Il y a quelque chose qu'on me cache, cela est sûr. — Mais je veux tout savoir, et je dois tout savoir, et je saurai tout, ajouta la comtesse avec un geste et un accent de souveraine résolution. — Et, sortant de sa chambre à pas discrets, elle profita de la disposition de l'appartement, en gagnant par des couloirs de service une seconde porte qui donnait sur le cabinet où son mari était, comme elle l'avait supposé, en conversation avec son premier valet de chambre. Posée sur la pointe des pieds, la tête appuyée contre la porte du cabinet, les yeux au guet et l'oreille aux écoutes, la comtesse n'entendit d'abord que des voix indistinctes et des paroles décousues dont le sens ne lui était pas perceptible. Seulement de temps en temps revenait un nom qui redoublait la curiosité de la comtesse ; et au bout de cinq minutes, bien que ceux qui parlaient n'eussent point élevé la voix, madame de Villerey, déjà habituée, ne perdait pas une de leurs paroles.

— Ah, ah ! dit-elle, en entendant le comte de Villerey qui parlait alors à son domestique — Ferdinand ne s'était pas trompé, on conspire... contre moi ;.... mais avant une heure, j'aurai établi une contre-mine.

— Le plus grand secret et les plus grandes précautions surtout, disait le comte ; — que personne au monde ne se puisse douter de ce que je médite !

— Soyez tranquille, monsieur, répondait Philippe, le vieux domestique, s'il ne faut que de la discrétion et de la prudence pour que la chose réussisse, nous sommes sûrs de la victoire.

— Ainsi donc, ce soir, — après que tout le monde sera parti, — tu m'amèneras un fiacre au coin de la rue.

— Tout sera préparé, monsieur le comte ; seulement, comme l'heure approche où le monde va arriver, et que je ne pourrai plus parler à monsieur le comte du reste de la soirée, — je crois que monsieur ferait bien de me donner maintenant la lettre que je dois porter. — Je l'irais sur-le-champ remettre moi-même à son adresse, et j'aurais immédiatement une réponse certaine.

— Tu as raison, dit M. de Villerey. Je vais écrire cette lettre et te la remettre.

Il se fit alors un instant de silence, pendant lequel la comtesse n'entendit que le bruit d'une plume qui crie sur le papier.

— A qui donc écrit mon mari? pensait la comtesse, dont l'impatience et la curiosité, également irritées, arrivaient graduellement au plus haut degré. — Je suis arrivée trop tard, dit elle en frappant du pied, au risque de trahir sa présence; il me faudrait au moins deux heures pour recoudre entre eux les lambeaux de conversation que j'ai entendus, et leur donner un sens. Le mot de cette énigme mystérieuse doit être dans cette lettre — que va porter Philippe... Oh! cette lettre, il faut que je l'aie. — Mais comment l'avoir?

Comme elle entendit ouvrir la porte opposée à celle où elle était aux aguets, madame de Villerey supposa que le domestique de son mari était sorti, et que le comte était seul. Pour en être plus sûre, elle regarda au travers de la serrure, et aperçut

le comte de Villerey qui était seul en effet. Assis
en face d'une table, et la tête appuyée dans ses
mains, il avait pris une attitude méditative et désolée. Tout à coup il se leva, fit trois ou quatre
pas dans la chambre, et se frappa le front en s'é-
criant :

— Pauvre enfant !... pauvre enfant !... mon
Dieu !... mon Dieu !...

— Allons, dit madame de Villerey, encore une
réaction que j'aurai à combattre. — Heureusement
que cette soirée m'en offre les moyens... Mais le
comte a pris une résolution... il ne s'en tient pas
aux paroles.... il agit cette fois.... Tenons-nous sur
nos gardes... Et d'abord cette lettre..... il faut absolument que je l'aie.

Aussi discrètement qu'elle était venue, la comtesse se retira dans ses appartements. En passant
dans l'antichambre, elle retrouva le domestique qui
peu de temps avant l'avait empêchée d'entrer chez
son mari.

— Philippe est-il là ? lui demanda-t-elle.

— Je crois que oui, madame la comtesse ; seulement il s'apprête à sortir : Monsieur l'a chargé
d'une commission.

— Vous lui direz de passer chez moi avant de
sortir ; j'ai à lui parler.

— Oui, madame la comtesse, fit le valet en s'inclinant.

Rentrée dans sa chambre, madame de Villerey
se jeta sur un fauteuil, devant une petite table à
écrire, et griffonna à la hâte un billet à sa modiste.
Comme elle écrivait l'adresse, Philippe entra.

— Madame la comtesse m'a fait demander ?

— Ah ! c'est vous, Philippe, dit madame de Villerey. Vous sortez pour le service de Monsieur !

— Oui, madame la comtesse.

Madame de Villerey jeta un rapide coup d'œil
pour voir si par hasard le domestique de son mari
n'avait point dans les mains cette fameuse lettre
qui l'inquiétait tant.

Philippe avait les mains vides.

— Allez-vous loin, Philippe ?

— Chez le banquier de Monsieur.

— Ah ! rue de Provence. — Cela tombe on ne
peut mieux. — J'ai là une lettre très-pressée pour
ma marchande de modes, qui demeure rue de la
Paix, — vous la porterez en même temps.

— Volontiers, madame, répondit Philippe à la
comtesse, qui lui remit la lettre qu'elle venait
d'écrire.

— Allez, lui dit-elle.

Lorsqu'elle fut seule, la comtesse sonna sa femme de chambre. Mademoiselle Sophie accourut.

— Sophie, lui dit madame de Villerey brièvement, écoutez bien ce que je vais vous dire. — Vous allez mettre un chapeau, et vous tenir dans l'antichambre, comme si vous étiez près de sortir. Dans cinq minutes, vous verrez le valet de pied François qui s'apprêtera à sortir aussi. — Il aura deux lettres à porter.— Vous lui direz que vous allez dans la Chaussée d'Antin, et que si c'est de ce côté que sont ses commissions, vous pourrez vous en charger. — François est paresseux, et sera bien aise de profiter de l'occasion, — et au besoin vous vous en chargerez. — Vous sortirez, et vous reviendrez dans une heure me rapporter les deux lettres. — Allez... soyez discrète. — Vous savez que je suis bonne.

Mademoiselle Sophie était une fille intelligente, — elle était taillée sur le patron de ces soubrettes rusées qui fonctionnent dans le vieux répertoire à grands coups de malice et de perfidie. — Elle ne se perdit point en protestations,— et alla se mettre à son poste. — Après qu'elle l'eut quittée, sa maîtresse sonna violemment.

Le valet de pied François se présenta :

— Madame appelle !

— Oui. — Est-ce que Philippe est parti ?

— Pas encore, madame, il donne des ordres à l'office, — mais il s'en va à l'instant.

— Rappelez-le, — dit la comtesse. — J'ai quelque chose à lui dire, — vous reviendrez avec lui.

Deux secondes après, les deux domestiques entraient chez leur maîtresse.

— Philippe, dit la comtesse au valet de chambre de son mari, — j'ai oublié de mettre le numéro de ma modiste. — C'en est une nouvelle chez qui vous n'êtes pas allé encore, vous n'auriez pas pu trouver. Rendez-moi la lettre que je mette le numéro.

Philippe tira machinalement deux lettres de sa poche — celle de la comtesse et celle du comte. Madame de Villerey prit une plume et ajouta le numéro, qu'elle avait omis à dessein pour avoir un prétexte de rappeler Philippe. Cet oubli réparé, elle rendit la lettre au domestique ; mais, en la lui remettant dans la main, elle jeta, comme par mégarde, un coup d'œil sur la pendule qui marquait neuf heures.

— Oh ! dit-elle, — comme il est tard !

— Tout le monde va arriver.

— Il y a déjà des voitures dans la cour, dit Philippe.

Mais M. le comte est au salon.

— Mais, dit la' comtesse, — j'y songe, Philippe,
— vous ne pouvez sortir maintenant. — Il faut que
vous surveilliez l'office ; — la dernière fois le service a été très-mal fait, parce que vous n'étiez point
là. — Il faut absolument que vous restiez. — Ma
lettre n'est pas si pressée ; on la portera demain.

— C'est que M. le comte — m'a bien recom-
mandé la lettre à son banquier. — C'est pour une
affaire de bourse, qui ne souffre pas de retard, m'a
dit M. le comte...

— Alors, c'est différent, — dit madame de Villerey, si cette lettre est importante, il faut la porter sans retard ; — mais voici François — qui est
moins indispensable que vous ici, et qui se char-
gera de ces commissions ; — donnez-lui vos deux
lettres.

François fit la grimace.

Philippe hésita un instant ; — mais ne soupçon-
nant pas le piége où on voulait le faire tomber,
et n'ayant aucune objection à faire pour ne pas
obéir à la comtesse, il lui répondit qu'il allait faire
comme elle le désirait.

En effet, — en sortant, il remit ses deux lettres
à François; mais en lui donnant celle de M. de Villerey qu'il lui désigna particulièrement, Philippe
dit à son camarade :

— Cette lettre ne m'a pas été remise par le comte, — c'est M. de Meillery qui m'a chargé de la porter. — Il y aura un bon pourboire, nous le partagerons. — Va vite.

— Hum, dit François, en prenant les lettres, ce M. Ferdinand, il est sans gêne, — on voit bien qu'il va bientôt être de la maison.

— Pas encore, — dit Philippe entre ses dents.

— Hein ! fit François.

Philippe n'eut pas l'air d'avoir entendu, et se dirigea vers l'office.

— Il fait un temps de tous les diables, — murmurait François... J'aimerais mieux rester ici, que d'aller me morfondre à la pluie. — Ce vieux Philippe, il ne s'est pas fait prier deux fois pour se décharger de sa besogne sur mon dos...

— Qu'est-ce que vous avez donc à grogner comme cela, monsieur François ? dit Sophie, qui attendait le valet de pied.

— Je n'ai rien ; je vais à l'autre bout de Paris.

— Tiens, moi aussi, dit Sophie.

— Ah ! vous aussi. — A quel bout, s'il vous plaît ?

— Qu'est-ce que cela vous fait ? — Je vous vois venir, paresseux. — Vous voulez me passer une corvée ; — mais je vous préviens que je sors pour mon compte, — et que je ne me charge pas de votre besogne.

— Je ne vous demande rien, dit François, en mettant son chapeau de livrée. — Bonsoir, dit-il.

— Eh ! attendez donc, puisque vous sortez, — vous allez m'accompagner jusqu'au pont. — J'ai peur dans ces rues désertes.

— Vous allez donc de l'autre côté de l'eau ?

— Oui, je vais dans la chaussée d'Antin.

— Alors, je vous accompagnerai jusque-là, je vais aussi dans ce quartier.

— Bah ! dit Sophie, quoi faire ?

— Deux lettres à remettre.

— Ah ! fit Sophie, — si ce ne sont que des lettres et que cela vous oblige de ne point sortir, je m'en charge de vos lettres. — Je croyais que c'était encore quelque paquet.

— Vrai ? dit François, — vous seriez assez bonne. Je suis très-fatigué, voyez-vous... et vous me rendrez service, — mais n'allez pas les oublier au moins, ces lettres.

— Soyez donc tranquille, reprit la malicieuse fille, qui avait déjà les deux lettres dans sa poche et qui se sauva sans retard.

— Je ne suis pas fâché de la circonstance, grommelait François... seulement, — comme ce vieux

Philippe grognerait pendant une heure, s'il savait que je n'ai point fait ma commission, je m'en vais aller jaser un bout de temps avec le suisse. »

Quant à mademoiselle Sophie, elle avait fait, à part elle, cette judicieuse réflexion, que si la comtesse paraissait tant tenir à avoir entre les mains les lettres pour lesquelles on lui avait fait jouer la petite comédie que nous venons de raconter, la comtesse ne serait pas fâchée que ces lettres, — ou plutôt cette lettre, car il n'y en avait qu'une d'intéressante, — lui fût remise tout de suite, au lieu de la recevoir seulement dans une heure ; — en conséquence, très-enchantée de sa petite logique, — mademoiselle Sophie alla discrètement frapper à la porte de sa maîtresse, qui s'apprêtait à entrer au salon.

— J'ai les lettres, madame, — dit la femme de chambre à la comtesse. — Celle-ci prit les deux billets, et dit à Sophie : — C'est bien, maintenant sauvez-vous. — Ah ! — à propos, mademoiselle Hélène doit être rentrée, — faites-la prévenir que je l'attends pour entrer au salon.

— Mademoiselle Hélène n'est pas rentrée, madame, dit une voix derrière la comtesse.

Celle-ci se retourna, et se trouva en face de Ferdinand de Meillery, qui continua :

— Mademoiselle Hélène est sortie il y a deux heures, et n'est pas rentrée encore, — mais si vous désirez la voir, — je puis vous indiquer l'endroit où vous pourrez la trouver.

— Que voulez-vous dire?

— Je veux dire, madame... que maintenant mes soupçons sont appuyés sur des preuves. — Il y a un mystère que nous ignorons. — Mais je suis sur sa trace... et avant peu nous en aurons la clef...

— Cette clef, dit la comtesse, en tirant de sa poche la lettre du comte — que venait de lui remettre Sophie ; cette clef, la voilà, — monsieur de Meillery. Moi aussi, j'ai pris mes précautions. — Dans une heure trouvez-vous dans le petit boudoir bleu. — Je vous y attendrai pour causer. Maintenant, il faut que j'entre au salon. — Donnez-moi votre bras, je vous prie.

# V

## LA REINE DE LA MODE.

Madame la comtesse de Villerey n'eut qu'à paraître pour exciter l'admiration générale ; et pourtant toutes les personnes qui assistaient à la soirée la connaissaient depuis longtemps, et plus d'une fois déjà l'avaient vue dans un de ces merveilleux appareils de toilette où sa beauté faisait quand même, partout et chez tous, éclore instinctivement cette admiration spontanée qui s'exprime par le regard ou la parole. Madame de Villerey avait vingt-cinq ans, l'âge où toutes les beautés de la femme ont atteint leur entier épanouissement ; elle était d'une taille moyenne, comme Vénus, Cléopâtre, Naïs, comme toutes les femmes qui en naissant ont reçu du ciel la couronne de la beauté ; son visage était de ceux qui défient la science du physionomiste le plus habile : l'analyse absolue en était impossible, tant il était mobile, prompt à refléter les métamorphoses de sentiment qui, sans transition, s'opéraient dans l'esprit de la comtesse. L'observation la plus acharnée devait donc toujours être en défaut, et ne pouvait guère obtenir que des résultats relatifs en examinant les lignes énigmatiques de ce visage, tantôt calme et doux comme celui d'un enfant qui ne sait rien des choses de la vie ; tantôt agité et coloré de cette pourpre qui du cœur monte au front de la jeune fille qui en est à son premier rêve d'amour ; tantôt sauvage, ardent, terrible, comme le masque de lady Macbeth.

Au moment où madame de Villerey venait d'entrer dans ses salons, où se trouvaient réunies les plus jolies femmes de Paris, les plus somptueuses fleurs du parterre aristocratique, dirait M. Dupaty, le visage de la comtesse exprimait le contentement et la tranquillité dans leur plus complète plénitude : son front lisse et mat se détachait, comme un fragment de marbre, du milieu des ondes d'ébène de sa chevelure, harmonieusement ornée de fleurs d'un rouge sanglant ; son cou

splendide, et qu'on eût dit sculpté par tous les
ciseaux de la grâce, luttait de blancheur et d'éclat
avec les éclatantes perles blanches de son collier,
dont chaque grain avait peut-être coûté la vie à
un plongeur des mers de l'Amérique. Sa robe, en
velours vert-émeraude, avait une coupe à la fois
majestueuse et élégante, et toute cette toilette, qui
pourtant avait été improvisée au milieu de grandes
inquiétudes d'esprit, attestait, chez la comtesse,
une science admirable de l'art de se bien mettre.
Il est vrai que nulle femme du monde ne savait,
comme elle, à première vue, prévoir le succès ou
la chute de telle ou telle invention nouvelle de l'industrie parisienne. La comtesse avait en cela de
sublimes instincts, et était consultée par toutes les
femmes de sa connaissance, comme l'infaillible
prophétesse de la mode. La comtesse, accompagnée par M. Ferdinand de Meillery qui paraissait
très-préoccupé, venait de traverser le salon de
conversation où un groupe de jeunes gens, des
diplomates futurs, s'occupaient à grand bruit de
la politique... de l'Opéra... En ce moment, ces
messieurs causaient de la prochaine rentrée d'une
diva de ballet. La comtesse entendit un nom qui
l'attira vers le groupe. Elle pria Ferdinand de
la quitter...

—Allez m'attendre où je vous ai dit, à dix heures dans le petit salon bleu, lui dit-elle ; puis, prenant le bras d'une femme de ses amies, madame de Villerey s'approcha comme très-indifféremment du groupe où l'on s'entretenait de mademoiselle Stella, cette fille aux pieds légers, dont les grâces venaient tout récemment de faire tourner la tête à tous les membres des deux chambres britanniques.

— De qui donc parlez-vous, monsieur de Puyrassieux! fit madame de Villerey à l'un des jeunes gens.

— Il s'agit de Stella, la danseuse de l'Opéra, que Mꝏ de Vérigny, dans un lyrisme qui doit avoir une cause secrète, ose comparer à la divine Taglioni.

— Oh ! fit la comtesse... M. de Vérigny a le génie de l'exagération.

— Je ferai observer à M. de Puyrassieux que je n'impose pas mes opinions, dit M. de Vérigny. Mademoiselle Stella, dont nous parlons, est une artiste d'un talent remarquable. Merveilleusement servie par la nature, elle a le génie de son art. Nulle mieux qu'elle n'a jusqu'à présent compris si bien, et si bien rendu la poésie du mouvement, et on a jeté des forêts de laurier sous les pieds de beaucoup de ses rivales qui ne la valaient pas.

— Vous faites un vrai feuilleton, mon cher, dit M. de Puyrassieux. Votre Stella a, en effet, quelque talent, je ne dis pas non, mais ça ne l'empêchera pas de rester toute sa vie dans la pénombre de troisième plan. Il ne suffit pas de savoir danser pour être danseuse.

—Tiens, voilà de Puyrassieux qui joue du paradoxe, dit un jeune homme qui venait de s'approcher.

— Ah ! et que faut-il donc encore ?

— Je vous dirai cela à souper, répondit M. de Puyrassieux, indiquant par un geste imperceptible presque, qu'il était gêné par la présence de la comtesse et de son amie.

Madame de Villerey s'aperçut que sa présence était un obstacle au développement de l'opinion de M. de Puyrassieux sur mademoiselle Stella, et comme cette conversation pouvait avoir quelque intérêt pour elle, elle ne voulut point l'interrompre ; et, entraînant à quelque distance la femme qui l'accompagnait, et avec qui elle engagea une conversation futile, elle put entendre tout ce qui se disait entre les jeunes habitués du balcon de l'Opéra.

— Pourquoi donc Stella n'est-elle pas une vraie danseuse, mon cher de Puyrassieux ? Il est vrai

qu'elle n'est point maigre comme un ange de ca-
thédrale gothique, mais ce n'est pas là, ce me
semble, un motif suffisant pour l'empêcher d'atteindre à la réputation qu'elle mérite, et qu'elle
posséderait déjà sans les coteries de coulisse, et
sans l'injustice qui est la devise de MM. les cheva-
liers du feuilleton.

— Décidément, mon cher Vérigny, vous avez
une passion pour cette jeune sylphide, riposta
M. de Puyrassieux. — Vous n'êtes pas le premier,
vous ne serez pas le dernier, — car mademoiselle
Stella a des yeux qui mettent le feu aux quatre
coins des cœurs; seulement, c'est une fille bizarre,
qui regarde tranquillement les incendies en se
croisant les bras, — ainsi tenez-vous pour prévenu;
on appelle cela de la vertu, moi je dis que ce n'est
que de l'hypocrisie.

— Pourquoi n'y aurait-il pas des exceptions?

Les exceptions de ce genre n'existent pas sous le
ciel — de l'Opéra surtout, dit M. de Puyrassieux.

— D'ailleurs les exceptions ont toujours tort; — la
vertu de mademoiselle Stella est peut-être une
chose à laquelle elle n'attache tant de prix que
dans l'intention d'augmenter celui de sa beauté;
c'est une espèce d'appoint.

— Heureusement que ces dames ne peuvent pas

nous entendre, dit M. de Vérigny en regardant la
comtesse et son amie qui causaient à voix basse à
quelque distance.

— Ah çà, mon cher de Puyrassieux, dit M. de
Vérigny, si vous vous étonnez de mes sympathies
pour Stella, me permettrez-vous d'être surpris de
vos attaques contre elle? Serait-ce point de la ran-
cune, hein, mon bon?

— Si cela était, on le saurait, — et je ne m'en
cacherais point, dit M. de Puyrassieux; — je n'ai
jamais regardé Stella qu'au travers de ma lorgnette, et je ne l'ai jamais vue que sous les pail-
lettes de ses costumes. — Je ne la trouve même pas
fort jolie.

— C'est votre lorgnette qui ne voit pas clair. —
— Elle est en vérité charmante, dit une autre voix.

— Moi, dit un autre, je lui pardonne sa vertu en
faveur de son talent.

— Puyrassieux est un fourbe, dit tout bas un artiste à M. de Vérigny. Il a été fou de Stella pendant
un an; il lui a écrit, signé de son nom, des volumes
de lettres, il a escaladé pour elle les cimes de l'ex-
travagance, mais tout cela sournoisement, sans
franchise; — c'est peut-être pourquoi Stella l'a re-
poussé, — car elle avait, je crois, du goût pour lui.

— C'est une fille de beaucoup d'esprit : — Le jour

où de Puyrassieux s'est marié avec la nièce du marquis Félipè, Stella lui a renvoyé toutes ses lettres, et voilà maintenant, on ne sait pourquoi, qu'il se livre envers elle à des hostilités indignes d'un galant homme. — On m'assure qu'il abuse de l'influence qu'il exerce dans un grand journal pour faire *éreinter*, comme on dit dans la presse, cette pauvre Stella, dans les feuilletons du lundi.

— Ah çà, à quel propos ?....

— Vanité blessée, mon cher, et voilà tout. Mais on dit qu'il adore sa femme, cette belle Espagnole qui était ici tout à l'heure.

— Il adore sa femme, oui ; — mais il exècre Stella la danseuse, parce qu'il a eu vent de la belle passion dont elle s'est éprise pour un pauvre diable sans le sou, tandis que lui, riche, noble, grand seigneur, a été éconduit en écolier.

— Ah çà, mais c'est un roman ?

— Tout un roman.

— En vérité, oui, tout un roman, répéta l'artiste à M. de Vérigny ; et la Stella en a comme cela dix volumes au fond de son passé. Seulement, cette fois, il est à croire qu'elle y mettra un dénouement, et un dénouement contrôlé et paraphé par M. le maire ou son adjoint. — Voilà comment j'ai su l'histoire. — Tantôt, vint à la maison, pour voir

·un de mes parents qui est malade, mon vieil ami
le docteur Durand. — Comme c'est un homme très-
répandu dans un certain monde, très-fécond en
petits scandales de tous genres, je taille une bavette
avec le docteur toutes les fois que l'occasion s'en
trouve ; et comme le docteur est indiscret, j'en ap-
prends souvent de belles avec lui. — Cette fois, il
ne me donna pas le temps de l'interroger, et sa-
chant, — il sait tout, ce diable d'homme ! — que
je m'étais occupé autrefois de la petite Stella — qui
est charmante, quoi qu'en dise le rancunier Puyrassieux, — le docteur me vint couler à l'oreille le
secret que le hasard lui avait fait découvrir, — à
savoir que la belle sylphide est amoureuse folle
d'un pauvre diable de je ne sais quoi, qui demeure
dans un taudis du quartier latin, — où il a été le
visiter deux fois aujourd'hui ; — car ce pauvre
diable, un poëte, dit le docteur, est en proie à une
fièvre cérébrale qui l'achemine rapidement à son
dernier sonnet. — La Stella s'est constituée son
ange gardien, et avec les baumes de la médecine
lui offre ceux de son amour. — C'est un spectacle
ravissant! dit le docteur. — Si le malade en revient,
il épousera Stella, et ce sera très-joli! — Voilà mon
roman; — qu'en dites-vous ? — En effet, c'est très-
joli ! dirent quelques-uns des assistants en riant.

Madame de Villerey ne prêtait pas la moindre attention aux paroles de sa compagne, et était, au contraire, tout oreilles à ce qui se disait dans le cercle où M. de Vérigny, mal renseigné par son bavard docteur, avait raconté ce que nous venons de dire.

— Épouser un poëte! — dit un jeune homme rose et blanc, élève-consul dans le Levant, — cela prouve la vérité de l'axiome : — La vertu trouve tôt ou tard son châtiment. — C'est bien fait pour Stella! — Je suis de l'avis de Puyrassieux, moi! je n'aime point les exceptions; Stella en était une.— Mais où donc est-il, de Puyrassieux?

— Le voilà là-bas dans un coin, qui lit un billet.

— Un billet! — mais c'est scandaleux! — cela n'a pas de nom! — C'est un billet doux! — En plein salon! — quelle fatuité! — A trois pas de sa femme! — quelle outrecuidance!

Le jeune élève-consul — s'approcha du comte de Puyrassieux, — qui se tenait, en effet solitaire dans un des angles du salon, — et paraissait lire avec étonnement un billet qu'il tenait à la main.

— Mon cher, dit le jeune homme, vous êtes trop indiscret! — On ne fait pas ces choses-là devant le monde! — Que diable! — c'est un billet doux que

vous lisez là ! Mais — nous soupons ensemble ce
soir avec tous ces messieurs ; — vous nous ferez
voir la signature. Pour le moment, venez écouter
les belles choses qu'on raconte là-bas à propos de
mademoiselle Stella , — votre tigresse !

— Mais que dit-on sur Stella ? fit M. de Puyrassieux.

En deux mots le jeune homme lui conta ce qui
venait d'être dit par l'ami de M. de Vérigny.

M. de Puyrassieux jeta un petit éclat de rire.
— Ah ! la bonne aventure ! s'écria-t-il ; — c'est
fort gai ! — Mais ce pauvre de Vérigny est d'une
innocence primitive, s'il croit cela ! — Allez ! mademoiselle Stella n'est pas si niaise ; et voici qui
nous en apprend de belles sur son compte ! ajouta
M. de Puyrassieux en montrant le billet qu'il était
en train de lire quelques minutes auparavant. Et
il se remit à rire, en tortillant ses mains et en
murmurant à demi-voix... Ah ! mon Dieu, que tout
cela est gai !

— Qu'avez-vous ? dit le jeune homme ; — si vous
aviez par hasard mis la main sur un bon petit
scandale, confiez-moi le premier mot, je suis di-
plomate, je devinerai le reste...

— Dites à ces messieurs de passer dans le petit
salon de jeu, nous serons plus libres, — et je vous

conterai la chose. — Ah ! ce pauvre de Vérigny,
je vais lui faire bien de la peine en ôtant l'auréole
qu'il allume au front de cette déesse d'opéra. —
Voyez-vous, mon cher, acheva M. de Puyrassieux,
en montrant la lettre qu'il avait à la main, — avec
ce méchant papier, j'ai de quoi mettre tout Paris
en gaieté pendant plus de trois semaines ; — allez,
je vous attends dans le petit salon de jeu.

— Messieurs, dit le jeune homme en se rapprochant du groupe qui avait observé son entretien
avec le comte de Puyrassieux, — M. de Puyrassieux veut nous faire la communication d'un secret gros de scandales de premier ordre ; — il demande vos oreilles pour l'entendre, en attendant
qu'il demande vos bouches pour répéter ce qu'il
va vous apprendre. M. de Puyrassieux me paraît
avoir le dessein de vous prendre pour trompettes.

— Qu'est-ce donc ? fit M. de Vérigny.

— Ah ! dit le jeune homme, tenez, si vous m'en
croyez, ne venez pas, de Vérigny, car il paraît que
de Puyrassieux a entre les mains de quoi casser
d'un seul coup les ailes de votre ange céleste, mademoiselle Stella.

— Quelque mensonge...

— Point, je vous prie, mais une bonne preuve
authentique, signée et mise sous enveloppe, — ar-

moriée, à ce qu'il m'a paru, — une lettre enfin,
— tombée de la poche du hasard, sous les pieds
de notre ami de Puyrassieux.

— Tiens, tiens, tiens, dirent tous les jeunes
gens, — allons...

— Pas tous ensemble, — messieurs, — les uns
après les autres, et à distance.

En ce moment même, madame de Villerey, dont
l'oreille était plus que jamais attentive, vit la pendule de la cheminée qui marquait dix heures,
heure où, comme on le sait, elle devait aller rejoindre Ferdinand dans le petit boudoir bleu.

— Je vous laisse un moment, dit-elle à sa compagne, j'ai des ordres à donner. Et elle traversa le
grand salon.

— Ah ! pensait-elle, le boudoir n'est séparé que
par une cloison du salon de jeu où ces messieurs
se donnent rendez-vous ; je pourrai entendre les
confidences de M. de Puyrassieux sur mademoiselle Stella, — et ces confidences m'expliqueront ce
que la lettre de mon mari à cette demoiselle pourrait avoir d'obscur. — Mais comme elle portait
machinalement la main à l'endroit où elle l'avait
mise, madame de Villerey s'aperçut que cette
lettre n'y était plus.

Au moment même où M. de Puyrassieux, M. de

Vérigny et quelques autres jeunes gens entraient dans le salon de jeu, M. Ferdinand de Meillery et la comtesse se rencontraient dans le boudoir bleu, où, comme on se le rappelle, ils s'étaient donné rendez-vous pour avoir une explication à propos d'Hélène.

— Qu'avez-vous donc, madame? dit Ferdinand à la comtesse; — vous paraissez inquiète. — Est-il donc arrivé quelque événement imprévu depuis ce soir? Madame de Villerey paraissait, en effet, être dans un état d'agitation extraordinaire, et il fallait que son émotion fût bien violente, pour qu'on pût en apercevoir même un indice sur son visage habitué à toutes les ruses de la dissimulation. Comme elle n'avait point répondu à la question qu'il venait de lui adresser, Ferdinand observa la comtesse avec plus d'attention, et conclut qu'il devait être, à coup sûr, arrivé quelque chose d'extraordinaire, pour qu'elle fût dans un pareil état.

— Eh bien! madame, dit-il enfin en avançant un fauteuil à madame de Villerey, qui fit signe qu'elle voulait rester debout, — asseyons-nous, et causons. Vous avez, disiez-vous, la clef du mystère. — Eh bien, voyons, quel est le mot?

— Ferdinand, dit la comtesse, comme je vous

l'ai dit tout à l'heure, j'avais, en effet, entre les mains une lettre qui pouvait nous renseigner sûrement sur ce que nous voulions savoir. Vous dire quels méprisables moyens de diplomatie j'ai employés pour me procurer cette lettre, cela est inutile. Je me suis presque compromise près de mes domestiques; — mais il n'y avait pas à reculer.

— Enfin, dit brièvement Ferdinand; — vous l'avez : c'est le principal. — Voyons.

— Cette lettre, je ne l'ai plus !

— Comment !

— Oui, reprit la comtesse, — je ne l'ai plus... — Je l'ai perdue, — je ne sais comment; mais tout à l'heure, quand je l'ai cherchée, je ne l'ai plus trouvée où je l'avais mise. Je ne l'ai plus trouvée... — je l'ai perdue.

— Mais, dit Ferdinand, — elle n'est qu'égarée, sans doute; on la retrouvera. Mais, il n'importe ; — de qui était cette lettre ? — que contenait-elle? — où en sommes-nous, enfin?

— Cette lettre était de mon mari ; — elle était adressée à mademoiselle Stella, artiste du ballet à l'Académie royale de musique.

Ferdinand laissa échapper un sourire assez impertinent;

— Je comprends maintenant votre agitation, dit-
il ; — le comte de Villerey passe pour avoir jadis
voulu beaucoup de bien à la petite Stella. — Depuis votre mariage, il ne paraissait plus y songer ;
— voici qu'il se remémore, et cela fâche votre
amour-propre. — Mais ce n'est là qu'un détail ;
passons, et revenons aux choses sérieuses.

La comtesse haussa les épaules, et regarda Ferdinand avec un air de dédain parfait.

— Eh bien ! reprit celui-ci ; — voyons, madame,
dites-moi un peu comment la lettre de votre mari
à mademoiselle Stella pouvait nous être utile dans
ce que nous voulons savoir. — Que contenait-
elle ?

— Je l'ignore, dit la comtesse.

— Comment ! — vous ne l'avez pas lue ?

— Je n'en ai pas eu le temps ; — au moment
même où je venais de la recevoir, il m'a fallu entrer au salon pour recevoir le monde qui arrivait,
et c'est dans mon salon que je l'ai perdue.

— C'est dans votre salon que vous l'avez perdue,
dites-vous, madame ?

— Oui, — et c'est là aussi qu'elle a été trouvée, — de façon que voici la lumière qui nous
échappe.

Ferdinand frappa du pied avec impatience. —

Mais enfin, madame, dit-il, qu'est-elle devenue, cette lettre ? — il faut la chercher, la demander. Et comme il élevait la voix, madame de Villerey lui toucha le bras en lui disant :

— Parlez plus bas, je vous prie ; il y a ici, près de nous, dans le salon de jeu, plusieurs personnes qui nous écoutent, et qui sont réunies là pour avoir une conversation dont nous pourrons peut-être tirer quelques éclaircissements qui remplaceront ceux qu'aurait pu nous fournir cette lettre si malencontreusement égarée.

— Je ne comprends pas ce que vous voulez dire; mais enfin, je ferai ce que vous voudrez... Écoutons donc, dit Ferdinand, en se rapprochant, ainsi que la comtesse, de la cloison tapissée qui séparait le boudoir du salon bleu.

— Ah ! dit Ferdinand, — M. de Puyrassieux est là, et aussi M. de Vérigny et le petit vicomte. — La trinité de la fatuité et de l'insolence. — Soyez sans crainte, madame, ces messieurs donneront du mal

M. de Villerey, au cas où ses anciennes idées à propos de mademoiselle Stella se seraient réveillées.

— Ah çà, dit une voix, — qu'est-ce que signifie ce conciliabule que nous venons tenir ici ?

— C'est M. de Puyrassieux qui a une communication à nous faire.

— Voyons, voyons, répondirent à la fois plu-sieurs voix.

— Nous sommes bien seuls, dit M. de Puyras-sieux, — j'entends par là que nous ne sommes que nous, — et qu'il n'y a point de danger que nous soyons entendus par quelque personne de la mai-son. — C'est que mon secret est grave. J'avais tout à l'heure vu rôder au salon ce petit Ferdinand de Meillery, qui est le sigisbée de la comtesse, en at-tendant qu'il soit le mari de mademoiselle Hélène — ou de sa dot, et je craignais qu'il ne nous eût suivis. — A propos, messieurs, qui de vous con-naît l'origine de ce jeune drôle, — que nous au-tres, qui allons partout, n'avions jamais vu nulle part avant de le rencontrer ici après le mariage du comte de Villerey? D'où sort-il, d'où vient-il, que fait-il, où va-t-il, ce M. de Meillery?

— D'où il sort, je le sais, moi, dit une voix — il sort de Clichy, — où il serait sur le point de re-tourner sans son mariage avec la pupille du comte, une petite fille assez gentille au fond, et que la comtesse sacrifie au jeune de Meillery pour des raisons trop cachées pour qu'elles ne soient pas de-vinées. Au reste, ce mariage n'est pas encore con-clu, — le comte n'a rien encore décidé.

— Qu'est-ce que cela fait? dit M. de Vérigny. Sa-

7

vez-vous point que ce pauvre vieillard n'a pas droit
de vote dans son ménage, et que la comtesse le
mène comme elle veut? — Le mariage aura lieu.
— Mais nous nous éloignons de la question — Monsieur de Puyrassieux, vous avez la parole.

En écoutant ce qui venait de se dire à côté d'eux,
Ferdinand et la comtesse s'étaient regardés silencieusement, sans échanger une seule parole, mais
non point sans échanger, par le regard, les pen-
sées qui les agitaient. — Écoutons, dirent-ils.

— Messieurs, dit M. de Puyrassieux, avant de
passer outre, deux mots de préambule, je vous
prie; — j'ai besoin de votre assentiment pour ras-
surer ma susceptibilité, qui a peut-être l'épiderme
un peu sensible.

— Allons, qu'est-ce encore? dit M. de Vérigny.
— Savez-vous, de Puyrassieux, que vous nous faites languir d'une manière insupportable avec toutes vos lenteurs?

— Voilà, dit M. de Puyrassieux : — J'ai à vous
communiquer une nouvelle légèrement scanda-
leuse, — je le fais, parce que c'est entre nous à
peu près convenu tacitement, que toutes les fois
que l'un de nous aura appris quelque chose de curieux, — il ira, toutes affaires cessantes, le sonner
aux oreilles des autres.

— Après?...

— Voilà; — je poursuis. — J'ai tout à l'heure, — par hasard, — trouvé dans le salon d'où nous sortons une lettre. — Cette lettre était adressée à une personne à laquelle je me suis fort intéressé. — Le cachet en était rompu, — et, poussé par le démon de la curiosité, je l'ai lue; et c'est ainsi qu'un peu malgré moi, je me suis trouvé instruit d'une ch se qui probablement devait rester secrète. — Qu'auriez-vous fait à ma place? — J'en appelle aux casuistes. — N'ai-je point commis une indélicatesse? — Pour mieux éclairer mes juges, j'ajouterai que cette lettre a été trouvée dans la maison même de celui qui a écrit cette lettre : voilà le fait aggravant. Maintenant, le billet, dont j'ai d'abord lu l'adresse, était adressé à mademoiselle Stella : — voilà le fait atténuant. — Dois-je passer outre, et augmenter mon indiscrétion?

— Ma foi, dit une voix, ce qui est fait est fait. — Si l'on était par trop délicat, on ne pourrait jamais s'amuser. Vous avez peut-être eu un peu tort de ramasser la lettre; — mais elle n'avait pas raison de s'être perdue. — Je vote pour la lecture.

— Et moi aussi, — et moi aussi, — et moi aussi, dirent plusieurs voix.

— Vous le voulez, messieurs; c'est bien; je commence. Et M. de Puyrassieux tira de sa poche un billet, qu'il développa lentement.

Pendant ce dialogue, madame de Villerey avait constamment eu les regards fixés sur M. de Meillery. Au moment où la lecture de la lettre perdue venait d'être volée par le groupe indiscret, madame de Villerey toucha la main de Ferdinand, qu'elle sentit tressaillir.

— Eh bien? lui dit-elle.

— Eh bien! répondit-il, nous allons savoir ce que nous voulions savoir : tout est pour le mieux.

— Comment! fit madame de Villerey, — ne m'avez-vous pas comprise? ou bien, est-ce que vous ne voulez pas me comprendre?

— Mais, madame, dit Ferdinand, que voulez-vous dire?

— Ah! fit la comtesse avec un geste d'indicible dédain, — comme vous avez l'intelligence dure en certaines occasions!

— Madame! fit Ferdinand, — j'ignore en vérité pourquoi...

— Vous ignorez... Allons donc!... Mais je ne veux point laisser de faux-fuyant à votre prudence, ajouta la comtesse en soulignant ce mot par l'accent qu'elle lui donna; — M. de Puyras-

sieux a trouvé la lettre que j'ai perdue ; — il va la
lire à ses amis. — Il ne faut pas que cette lecture
se fasse ! — Comprenez-vous ?... Non ?... Eh bien !
je vais tout vous expliquer. — Il faut que vous alliez
trouver M. de Puyrassieux et que vous lui repre-
niez cette lettre. Comprenez-vous, maintenant ?

— Mais, ceci demande réflexion...

— Vous avez eu le temps suffisant pour réfléchir, monsieur. — Le moment est venu d'agir, si
vous en avez l'intention. — Tout à l'heure il sera
trop tard. — Voyons, que décidez-vous ?

— Mais au moins, madame, donnez-moi un conseil. Comment dois-je m'y prendre ? — Rien ne dit
que M. de Puyrassieux consentira à me rendre
cette lettre ; — au lieu qu'en la laissant lire, —
comme nous pouvons parfaitement entendre, nous
saurons ce que nous voulons savoir, comme je vous
le faisais remarquer tout à l'heure. — La démarche
que vous désirez me voir faire pourrait, au contraire, nous faire perdre ce renseignement. — M. de
Puyrassieux peut refuser de me rendre cette lettre, — car, enfin, je n'ai aucun caractère officiel
pour aller la lui réclamer. — Il ne la lira pas ici,
mais il la lira ailleurs. Examinez mon raisonne-
ment, madame, et vous verrez qu'il est sage et
prudent.

— Monsieur de Meillery, dit la comtesse en s'approchant de Ferdinand, l'œil allumé, les lèvres serrées et blanches... — Monsieur de Meillery, vous avez peur, et je vous jugeais bien ; je vais aller réclamer moi-même cette lettre à M. de Puyrassieux.

— Madame, dit Ferdinand, puisque vous le voulez, je vais aller dans la salle de jeu.

— Restez ici, je vous l'ordonne, et me laissez agir, dit madame de Villerey en se disposant à quitter le boudoir, où Ferdinand demeurait atterré.

— Mais cependant, madame, insista le jeune homme, — est-il convenable que ce soit vous qui alliez...

— Vos réflexions sont tardives et inutiles, monsieur. — Je ne regrette pas entièrement ce qui vient d'arriver ici, — car maintenant, au moins, je suis à même de vous apprécier. Et madame de Villerey sortit.

— Au fait, pensa Ferdinand lorsqu'il fut seul, — j'aime encore mieux que ce soit elle qui aille s'entendre avec M. de Puyrassieux. — C'est un brutal, et les choses ne se seraient point passées tranquillement entre nous... Oui, bien décidément, je préfère que cela se soit arrangé ainsi ; et, s'enfonçant dans une causeuse, il attendit le retour de la comtesse.

La vivacité avec laquelle avaient été prononcées les dernières paroles échangées entre Ferdinand de Meillery et madame de Villerey les avait empêchés l'un et l'autre d'entendre ce qui se passait dans le salon de jeu voisin du petit boudoir. Nous allons rapidement esquisser cette scène, qui se passa en moins de temps qu'il n'en faudra pour la raconter.

Au moment même où, encouragé par le cercle indiscret de ses amis, grands affamés de scandale, comme on l'a vu, M. le comte de Puyrassieux allait donner la publicité d'une lecture à la lettre qu'il s'était assez indélicatement appropriée, M. de Villerey, qu'on avait à peine entrevu dans ses salons, entra soudainement dans le salon de jeu ; sa présence causa une stupéfaction générale, qui fut suivie d'un silence plein d'embarras. M. de Puyrassieux seul conserva son sang-froid ; il pliait fort tranquillement sa lettre, qu'il avait ouverte entre les mains, et il allait la remettre dans sa poche, avec un geste fort naturel, lorsque le comte de Villerey s'approcha de lui tranquillement, mais non sans avoir une attitude pleine d'une impérieuse et solennelle gravité, et sans dire un mot, désignant d'une main la lettre que tenait M. de Puyrassieux, M. de Villercy tendait l'autre main pour la recevoir.

Le jeune comte n'eut point un instant d'hésitation. Il s'inclina respectueusement devant M. de Villercy et lui remit la lettre.

— Monsieur de Puyrassieux, dit le vieillard d'une voix câline, madame la comtesse de Puyrassieux vous attend pour partir. De graves événements, aussi imprévus que douloureux, m'obligent à fermer mon salon plus tôt que de coutume; le malheur est tombé au milieu de ma fête, messieurs. Et c'est au moment où j'en apprenais la nouvelle, que quelques-uns de mes conviés, des gens à qui j'avais tendu la main lorsqu'ils entraient chez moi, s'étaient isolés dans un coin de ma maison et s'apprêtaient à faire de mon nom la cible de leurs railleries. J'ai entendu votre conversation, messieurs, ne vous défendez point, et à une faute à laquelle vous étiez tous prêts à participer, n'ajoutez point un démenti hypocrite et inutile. Je suis heureux encore d'avoir pu arriver à temps pour vous épargner les regrets qui auraient suivi, j'ose l'espérer pour votre honneur, l'acte de lèse-hospitalité que vous vous apprêtiez à commettre. Je n'ajouterai plus rien, messieurs, sinon que j'oublie tout. Cette lettre, dit M. de Villerey en fixant M. de Puyrassieux, cette lettre n'a pas été perdue, vous ne l'avez pas trouvée, et vous me jurez votre parole d'honneur que vous ignorez ce qu'elle contient; de même que ces messieurs me jurent aussi sur leur honneur qu'ils veulent ignorer tout ce qui a rapport à cette lettre, le nom de celui qui l'écrivait, le nom de celle à qui elle était adressée.

Tous les jeunes gens firent un signe de tête affirmatif.

— Et maintenant, Messieurs, ajouta le comte de Villerey, je vous le répète, un grand malheur est survenu dans ma maison; dans quelques jours je recevrai vos compliments de condoléance.

Tous les jeunes gens passèrent en s'inclinant devant M. de Villerey et regagnèrent les salons, qu'ils trouvèrent en effet presque complétement déserts.

— Qu'est-ce que tout cela veut dire, messieurs? fit M. de Puyrassieux à ses amis.

— Nous allons sans doute apprendre quelle est cette nouvelle sinistre qui est venue si subitement éteindre les lustres de la fête, dit M. de Vérigny. Si le malheur dont parle M. de Villerey est tombé comme un coup de tonnerre, cela a dû faire du bruit, et nous saurons bientôt... Et comme M. de

Vérigny jetait, en traversant un des salons, un regard dans la glace pour arranger un peu la symé-
trie de sa coiffure, il aperçut se réfléchissant dans
cette glace une image de femme, qui se tenait assise dans un coin obscur de la pièce, dans une attitude pleine d'inquiétude et de désolation.

M. de Vérigny ne put s'empêcher de jeter un cri
de surprise. A ce cri, la personne dont la présence
avait été trahie par la glace leva un instant la tête
et fit un geste d'étonnement.

M. de Vérigny allait s'approcher d'elle, quand la
jeune femme mit son doigt sur sa bouche, et d'une
main qu'elle étendit vers la porte, elle pantomima
expressivement et avec autorité le mot : Sortez !

M. de Vérigny, en rejoignant ses amis dans l'antichambre, s'empressa de leur dire : — Savez-vous
qui je viens de voir assise dans le salon de M. de
Villerey ? mademoiselle Stella elle-même.

— Impossible, dirent les jeunes gens, impossible.

— Vous n'avez qu'à rentrer dans le salon voisin,
sous prétexte de refaire le nœud de votre cravate,
regardez un moment dans la glace, vous verrez ce
que vous verrez.

L'un des jeunes gens allait suivre le conseil de
M. de Vérigny, quand un domestique vint fermer
la porte indiquée par M. de Vérigny, tandis que

Philippe, le valet de chambre de M. de Villerey, s'approcha des jeunes gens, en disant :

— Voici les manteaux de ces messieurs.

— Décidément on nous met à la porte, messieurs, dit M. de Vérigny ; il faut en prendre notre parti.

— La Stella ici, disaient les autres jeunes gens en se drapant dans leurs manteaux, c'est incroyable. — Venez-vous, de Vérigny ?

— Je vous suis, messieurs, répondit celui-ci, qui n'était point désireux que ses amis entendissent la conversation qu'il avait avec un jeune homme qui était brusquement apparu devant lui comme s'il sortait du mur.

— Ah çà, mon cher monsieur Laurent, disait M. de Vérigny au jeune homme, qui n'était autre que le journaliste dont nous avons déjà parlé dans le commencement de cette histoire, comment diable êtes-vous ici ? d'où sortez-vous ? Seriez-vous donc un personnage du mystère fantastique qui se joue dans cette maison depuis une heure ?

— Monsieur de Vérigny, répondit Laurent, je n'ai pas le droit de vous répondre à ce sujet.

— A votre aise, mon cher publiciste, à votre aise, fit M. de Vérigny. Je comprends votre discrétion. Vous désirez garder pour votre *Courrier de Paris* la primeur d'un scandale, c'est trop juste. A propos, quand pourrai-je vous voir? J'ai à faire certaine brochure sur une question d'actualité. Je puis compter sur votre concours habituel, dans les conditions ordinaires?

— Ne comptez plus sur ma collaboration, monsieur, répondit Laurent. J'ai renoncé aux marchés que vous me proposiez par vanité, et que j'acceptais par nécessité. Je suis décidé à renoncer à ce genre de commerce.

— Comme il vous plaira, monsieur, fit M. de Vérigny. Il y a dans Paris dix mille greniers où je trouverai des gens pour vous remplacer.

Laurent ne répondit point, et rentra dans le salon où M. de Vérigny avait rencontré Stella dans cette maison depuis une heure.

— Tiens, dit-il, — seraient-ils venus ensemble? Le mystère s'obscurcit de plus en plus. — Enfin, il fera jour demain.

Et il rejoignit ses amis qui l'attendaient dans le grand vestibule qui se trouvait au bas de l'escalier.

Laurent avait en effet rejoint Stella dans le salon où celle-ci avait été aperçue par M. de Vérigny.

— Eh bien! ma chère, lui dit-il, — avez-vous vu M. de Villerey?

— Un instant seulement, — il m'a fait prier

d'attendre un moment, et m'a également chargée de vous dire d'attendre aussi. — Nous devons, à ce que j'ai compris, tous partir ensemble chez M. Tristan.

— Mais il ne faudrait pas tarder, dit Laurent, où donc est M. de Villerey?

— Il est avec la comtesse, à ce que je suppose, dit Stella, car tout à l'heure, m'étant avancée dans le grand salon, j'ai cru entendre leurs voix dans une pièce voisine.

— Mais comment donc le comte a-t-il su que la lettre qu'il nous adressait a été soustraite par sa femme?

— Il m'a expliqué cela très-brièvement : — C'est un domestique très-dévoué qui, je ne sais comment, a appris qu'il avait été joué par madame de Ville- rey ; il raconta le fait au comte, qui allait chercher sa femme pour avoir une explication avec elle, quand la lettre de Tristan est arrivée. — Voilà tout ce que je sais.

— Et cette explication?

— Elle a lieu en ce moment, — et tout à l'heure nous en saurons le résultat. Attendons.

— Dieu veuille que ce résultat soit heureux, dit Laurent. — Attendons.

# VI

## SCÈNE CONJUGALE.

Une explication avait en effet lieu entre le comte
et la comtesse de Villerey.

Au moment où celle-ci quittait le petit boudoir
où elle avait laissé Ferdinand, et se dirigeait vers
le salon de jeu, dans l'intention de réclamer à
M. de Puyrassieux la lettre qu'il avait trouvée, et
qu'il s'apprêtait à lire, madame de Villerey aperçut
son mari qui venait de la devancer et, pour le
même motif qu'elle, pénétrait au milieu de ses
hôtes indiscrets. Madame de Villerey se jeta à la
hâte derrière un rideau et assista ainsi à la scène
qui s'était passée entre son mari et les jeunes gens,
— scène que nous avons racontée dans le précédent

chapitre, et dont la conclusion, comme on se le rappelle, avait été l'éloignement de ces jeunes gens. — Comme ils se retiraient et laissaient M. de Villerey tout seul, la comtesse espéra un instant pouvoir échapper de sa cachette sans être vue ; mais comme elle tentait de s'enfuir, elle se sentit arrêter par une main tremblante. C'était la main du comte de Villerey, qui avait parfaitement vu sa femme au moment où elle se cachait.

— Allons, se dit en elle-même la comtesse, le moment de la lutte est arrivé, — malheureusement, en perdant cette lettre avant de l'avoir lue, j'ai perdu les éléments qui pouvaient m'assurer la victoire, car cette lettre contenait sans doute des détails qui m'eussent instruite des plans de mon adversaire. — Allons, cette fois il paraît que c'est une insurrection en règle. — Je suis désarmée, mais j'aurai le courage du désespoir, et avec cela, on gagne souvent des parties désespérées. Et relevant la tête avec fierté, la comtesse regarda son mari en face, et ce regard était si plein d'une hautaine résolution, que le vieillard appela à lui tout son courage pour n'être point vaincu avant le commencement du combat qui allait s'engager.

— Où désirez-vous me conduire, monsieur ? demanda madame de Villerey.

— Nous serons bien dans ce cabinet, dit le comte
en indiquant le salon de jeu.

— Ne pourriez-vous remettre à plus tard l'entretien que vous désirez avoir avec moi ? — Il n'est
pas convenable, je pense, de quitter ainsi, tous
deux ensemble, les personnes qui se trouvent en ce
moment réunies chez nous, — et que notre ab-
sence doit même, dès à présent, étonner singulièrement. Il n'est pas utile d'introduire nos amis
dans le mystère de nos affaires intimes.

— N'ayez point cette crainte, madame, — fit le
comte en désignant un fauteuil à sa femme, —
aussi bien que vous, je sais observer les règles des
convenances, — mais nous sommes seuls ou à peu
près dans cette maison.

— Comment ! fit madame de Villerey avec étonnement, — il est minuit à peine, on ne peut être
parti ?

— Il n'y a plus personne dans ces salons, madame, il n'y a plus personne, vous dis-je ; toutes les
personnes qui étaient chez moi se sont retirées,
quand elles ont entendu le pas du malheur heurter
au seuil de cette maison.

— Le malheur ! que voulez-vous dire ?

— Oui, madame ; et c'est vous qui lui avez ouvert la porte.

Madame de Villerey, un peu effrayée par le ton grave et solennel de ce début, se leva de son fauteuil, et s'approcha de son mari comme pour lui prendre la main.

Le comte la repoussa froidement et lui indiqua le fauteuil en la conviant à s'y asseoir.

— Écoutez-moi, madame, ce que j'ai à vous dire est grave, ne m'interrompez donc pas, et si vous avez à me répondre, quelles que soient vos raisons, bonnes ou mauvaises, je les écouterai, mais à la fin — je ne vous défends point de vous justifier; — mais cette fois, je vous préviens que j'ai ma lucidité d'esprit, — et que les perfidies que vous pourriez glisser dans votre justification ne serviraient qu'à nuire à votre cause.

— Parlez donc, monsieur, je vous écoute; — mais, avant tout, délivrez-moi de l'inquiétude où vous m'avez jetée; quel est ce malheur?

— Toute chose viendra à son tour, madame, répondit M. de Villerey. — Voilà deux ans que je vous ai épousée. — Avant de vous rencontrer, je n'avais jamais songé à me marier, — et mon âge m'obligeait à y songer moins que jamais. — J'avais un nom honorable et honoré; je menais l'existence calme d'un homme qui, n'ayant jamais eu de faute ou de crime dans son passé, n'a point de

remords dans son présent. — J'étais heureux. —
Toutes les passions humaines s'étaient détournées
de moi, comme d'un être qui s'est acquitté envers
elles depuis longtemps ; car j'avais, Dieu merci, et
largement, payé un impôt de douleurs à l'expérience. Je savais, pour les avoir portées à mes lèvres, tout ce qu'il y a d'amer au fond des coupes
de la vie. — Avant de vous connaitre, il y avait
déjà longtemps, — bien longtemps que je vivais
réfugié dans mes souvenirs, qui, du moins, avaient
conservé toute leur jeunesse dans le fond de mon
cœur. — J'étais riche, et j'aimais à faire du bien ;
ma plus grande gloire, je la plaçais à apprendre
mon nom à des malheureux... — Quelques-uns
l'ont oublié ; car l'ingratitude est la reine du monde
et le sera toujours : c'est l'immuable loi !

La comtesse, qui avait ses raisons pour cela, vit
une personnalité dans cette boutade de son mari,
et haussa légèrement les épaules.

Son mari parut ne point s'en être aperçu, et continua sur un ton qui paraissait plus empreint de
mélancolie que de colère et de haine.

— Oui, madame, j'étais heureux ! — Mon nom,
attaché à de nobles entreprises, était entouré du
respect public, et ma maison était le rendez-vous
des illustrations d'une époque illustre dans ce

siècle. Enfin, madame, j'approchais lentement, tranquillement vers la fin de ma carrière, et j'espérais m'en aller de ce monde, suivi par les regrets de ceux qui m'avaient connu, et qui auraient inscrit cette épitaphe sur ma tombe :

« C'ÉTAIT UN HOMME DE BIEN. »

— Où veut-il en venir ? pensait en elle-même madame de Villercy, en écoutant ce long préambule de son mari.

— Eh bien ! continua le comte en donnant à ses paroles un indicible accent de tristesse, cette suprême espérance que j'avais de sortir de la vie en emportant l'estime universelle m'a été enlevée subitement. Je vous ai rencontrée, madame, et c'est depuis le jour où j'ai mis ma main dans la vôtre que la fatalité a présidé à ma vie. Au lieu d'être l'ange gardien de mes derniers jours, vous en avez été le démon ; acharnée à me persécuter, vous avez ouvert à mes pas la voie des douleurs : — vous étiez pauvre, madame, quand je vous ai épousée, — je ne vous en fais pas un reproche, — vous étiez pauvre ; une suite de malheurs avait ruiné votre famille, et vous étiez passée brutalement, sans transition, d'une grande opulence à cette médiocre aisance qui devient la misère pour

ceux qui ont vécu dans le luxe. Les brillants partis
qui s'étaient présentés pour vous à l'époque où vous
étiez encore une riche héritière, s'étaient tous
retirés les uns après les autres, et c'est alors que
je vous vis. J'appris les malheurs qui avaient frappé
votre famille; un vague intérêt me parla en votre
faveur; je repoussai comme d'infâmes calomnies
certains propos qui me furent tenus, alors qu'on
s'aperçut que mon intérêt pour vous s'augmentait
de jour en jour, et que je m'acheminais à une
folie, comme on me disait : — c'était à une faute
qu'il fallait dire, — à une faute qui a enfanté un
crime après, — oui, madame, un crime.

Enfin, il arriva un jour où je vous demandai si
vous vouliez être ma femme. Pour vous laisser
toute liberté, je vous fis cette proposition avant
d'en parler à vos parents, ne voulant pas que votre
consentement, si vous acceptiez, fût le résultat
d'une influence autre que celle de votre propre
volonté. — Je ne vous rappellerai pas, madame,
ce que vous m'avez répondu ce jour-là. — Je ne
vous rappellerai pas toutes les protestations que
vous m'avez faites alors et que je ne vous demandais pas; vous avez accepté enfin, et, ayant appris
par les bruits du monde, à qui l'on ne peut rien
cacher, que l'influence de mes amis luttait contre

la résolution que j'avais prise de vous épouser, —
voyant que de toutes parts on se liguait pour vous
arracher votre proie, vous avez, vous, jeune fille
encore, joué avec moi, pauvre vieillard, une abominable comédie d'amour, alors que je ne vous
demandais qu'une amitié filiale ; vous avez fait
luire à mes yeux presque éteints les flammes d'un
amour d'amante. Magique Circé, vous avez su
réveiller au fond de mon cœur tout ce qui y res-
tait de passions endormies, presque mortes ; vous
m'avez enivré de vos regards, de vos paroles, de
tous les charmes dangereux de votre admirable
beauté, et vous voyant tant de jeunesse, tant de
douceur dans le regard, tant de douceur dans la
voix, j'ai cru, pauvre fou, j'ai cru à un miracle.
—Ah ! comme vous avez dû rire, madame, comme
vous avez dû rire avec ceux qui étaient vos com-
plices dans cet odieux attentat à la crédulité, à la sincérité, aux dernières illusions d'un pauvre cœur qui,
à soixante ans passés, s'était mis à revivre comme
aux plus beaux jours de sa belle jeunesse !—Car je
vous aimais, madame ; je vous aimais — d'amour.

Je vous aimais d'amour, madame, continua
M. de Villerey, après une courte interruption ; mais
j'avais des cheveux blancs, et je ne l'oubliais pas.

Attendre de vous un sentiment pareil à celui que

j'éprouvais eût été une folie, un ridicule ; et les lois harmonieuses de la nature ne pouvaient pas permettre qu'il en fût ainsi.

C'était déjà bien assez du miracle qu'elle avait fait pour moi, en permettant que je ressentisse encore une fois, en approchant de la mort, un amour près duquel pâlissaient, quand je les évoquais du fond de mes souvenirs, les passions les plus vivaces du temps de ma jeunesse : aussi je n'avais point assez de prières pour remercier le ciel, assez d'adorations pour vous remercier, vous, sa créature choisie, vous pour qui mon cœur, près de cesser de battre, retrouvait tous ses juvéniles élans, et s'emplissait une fois encore de toutes les belles poésies de la passion. Oh ! si vous saviez, si vous aviez su deviner les fièvres étranges que vos seuls regards faisaient naître en moi ; si vous saviez quels rêves bizarres agitaient mon esprit pendant ces longues insomnies, où j'écoutais, l'oreille collée à la cloison qui me séparait de vous, le moindre souffle échappé de vos lèvres pendant votre sommeil. Que de fois n'ai-je point dit en voyant un jeune homme : Pour avoir cette jeunesse, avec laquelle je serais aimé d'elle peut-être, au prix d'un crime qui me mériterait la damnation éternelle, au démon qui pourrait opérer cette métamorphose, et ne dût-elle durer qu'un jour ; au prix d'un crime qui me condamnerait à une éternité de douleurs, j'achèterais cette journée de jeunesse ! Mais j'avais des cheveux blancs, mais j'avais la voix éteinte ; mon pas débile avait peine à vous suivre ; c'était mon bras qui avait besoin de l'appui du vôtre, et les gens qui ne nous connaissaient pas disaient en vous voyant marcher à mon côté : L'heureux vieillard ! qu'il doit être heureux d'avoir une si belle fille ! Car, en effet, comment supposer que vous étiez ma femme ? Comment croire à l'union du couchant avec l'aurore ? Cependant je fus heureux d'abord, et bien heureux ; car vous paraissiez comprendre combien votre rôle était beau, et pour ce vieillard, dont le cœur avait pour vous une tendresse d'amant, vous montriez les soins d'une sollicitude filiale. Pendant quelque temps vous avez respecté et fait respecter par les autres ma chère et douce folie ; je disais à ceux dont les paroles avaient voulu me détourner de mon mariage : O calomnie, te voilà donc vaincue et rampante sous les pieds de l'ange ! et je vous disais à vous : Chère et noble fille, qui faites si douce à mes pas la route que j'ai encore à suivre avant de me reposer éternellement, soyez bénie ! et je me disais à moi : Quand aura sonné l'heure du repos, cette compagne que j'ai

choisie malgré tous fermera ma paupière avec ses
mains ; cœur fidèle, elle gardera mon souvenir
aussi longtemps que peut vivre la mémoire d'un
homme dans le cœur d'un vivant ; elle portera,
j'en suis sûr, un deuil sincère et prolongé ; mais
l'oubli viendra peu à peu calmer les regrets que
lui causera ma perte, et après avoir pleuré les dernières larmes, ses yeux rencontreront sans doute
le regard de celui qu'elle aimera, et qui sera jeune
et beau comme elle est jeune et belle. Et je priais
presque Dieu d'abréger mon existence, si elle devait
retarder trop longtemps ce rêve d'amour et de bonheur que je caressais pour vous en songeant à vous.

Mais hélas ! Dieu ne m'a pas écouté ; il avait mis
ma plus grande part de bonheur à la fin de ma
vie, mais ce fut aussi à mes derniers jours qu'il ré-
serva ma plus grande part de douleurs. Tout à coup
vous avez changé, l'ange a fait place au démon
avec une brutalité cruelle. Vous étiez arrivée au
but que vous rêviez, et vous abattiez le masque avec
une impudence effrayante. Vous aviez acquis sur
moi, à l'aide d'une comédie infâme, une influence
contre laquelle je ne pouvais plus lutter, et vous
en avez abusé outre mesure, pour mener jusqu'au
bout vos affreux desseins. J'étais votre esclave, et
vous avez fait de moi ce que vous avez voulu ; j'ai

marché dans vos pas, comme un enfant docile qui suit son maître. Je suis entré dans la voie que vous m'avez ouverte. Je voyais bien que vous m'acheminiez à la ruine et, ce qui est plus, à ma honte peut-être ; je le voyais, et je vous suivis toujours ; j'avais près de moi deux enfants : l'un était la fille de mon plus cher ami, il me l'avait confiée à son lit de mort. Il m'avait dit : Je te fais le dépositaire de sa fortune et de son bonheur. Veille sur elle, jusqu'au jour où tu confieras à ton tour son avenir aux mains d'un honnête homme qu'elle aimera et qui l'aimera surtout ; et que cet homme ait un nom pur, un noble cœur, une fortune loyalement acquise, et s'il était pauvre, laisse-la agir elle-même. Vous savez de qui je veux parler, madame ? dit M. de Villerey.

— Oui, monsieur, répondit la comtesse, mais Hélène !...

— Eh bien ! madame, reprit le comte d'une voix haute, vous m'avez fait mentir à la parole que j'avais donnée, et si le père d'Hélène savait ce qu'est devenue sa fille, il sortirait de sa tombe et viendrait me jeter sa malédiction. Mais ce n'est pas tout : à ce manquement à l'honneur, au parjure que vous m'aviez fait commettre, j'ai ajouté, toujours docile à vos implacables haines, à vos in-

stincts marâtres, un de ces crimes pour qui le ciel
n'a pas assez de colère. Il y avait un autre enfant,
qu'à sa naissance, des raisons auxquelles je devais
malgré moi me soumettre, m'empêchèrent de reconnaître comme étant le mien, car l'honneur
d'une femme eût pu être compromis par cette re-
connaissance : une succession d'événements, nés
de la fatalité qui s'acharne depuis sa naissance
sur la tête de ce malheureux enfant, m'a empêché
toujours de lui donner mon nom et de lui avouer
que j'étais son père. Mais à défaut de ce nom, il
avait mon amour, il était ma joie, mon orgueil :
il avait instinctivement pour moi une tendresse
filiale, car il devinait peut-être la vraie raison de
l'affection que je lui témoignais : mais tout en
pressentant quelle était la nature des liens qui nous
unissaient, il n'essaya jamais de m'en faire faire
l'aveu. Docile, il acceptait ce mépris, qu'un pré-
jugé absurde et cruel attache aux bâtards; patient, il attendait, sûr que viendrait le jour où il
pourrait dire son nom, ce nom qui était le mien.
Eh bien ! madame, ce fils dont je ne vous avais
pas caché l'existence, quand je vous épousai, cet
enfant, qui avait pour moi un dévouement si entier, un si tendre respect, vous m'avez forcé à le
chasser de chez moi, de chez lui, madame, car il

était chez lui après tout. Quant à l'origine de cette
haine que vous avez conçue pour lui, haine de
marâtre, dont j'ai partagé la fureur aveugle, je ne
veux point vous la rappeler en détail, cela est
trop affreux. Rappelez-vous *Phèdre*, madame, rappelez-vous. Et encore la comparaison n'est point
juste : cette grande criminelle antique pouvait
s'excuser de son crime par la violence de son
amour, et ce n'était même point de l'amour que
vous éprouviez pour celui-là que vous avez pour-
suivi avec une haine si acharnée, que vous avez
frappé, et que vous m'avez fait frapper sans pitié
du poids de toutes mes colères ; car à peine était-il
hors d'ici, que vous l'aviez remplacé par un jeune
homme venant on ne sait d'où, un aventurier, de
naissance et de probité douteuses, un étranger qui
est devenu maître dans ma maison, et qui faisait
de vous ce que vous faisiez de moi, un esclave.
Vous aviez dès lors un aide pour accélérer ma
ruine ; aussi ne pouvait-elle tarder à s'accomplir,
car, toujours aussi mobile à suivre vos fantaisies
les plus folles et les plus dangereuses, je n'avais
même plus la force de résister par la parole.
Quant à ces deux pauvres enfants, Hélène et Tristan, qui s'étaient aimés et dont l'amour aurait
souri à mon vieil ami comme il me souriait à

moi-même, avec votre ténébreux complice, vous
vous êtes faits les bourreaux de ces deux saintes et
poétiques jeunesses. Vous avez jeté Tristan dans la
misère et dans le désespoir, et vous vous apprêtiez
à jeter Hélène dans les bras d'un débauché qui aurait fait son malheur éternel; et moi, ô opprobre
de ma vie! tache à mon honneur! entraîné sur
cette pente fatale où vous m'attiriez, j'ai trempé
dans toutes ces infamies domestiques, j'ai consenti
à tout ce que vous vouliez, j'ai fait le malheur de
mes enfants, de mes deux enfants, car Hélène était
presque ma fille, puisque son père me l'avait laissée
en mourant; et si je venais à être atteint de mort
subite, ces deux voix d'Hélène et de Tristan, ces
deux voix si douces me maudiraient ensemble!

Savez-vous, madame la comtesse, qu'il y a sur
les bancs des cours d'assises, des misérables flétris
par la loi qui en ont moins fait que vous ne m'en
avez fait faire. Et je ne vous parle pas encore de
l'honneur de mon nom que vous avez si odieuse-
ment terni; car mon nom est devenu un de ceux
dont se servent les débauchés quand ils veulent
joindre aux clameurs de leurs orgies l'égayant récit de quelque scandale bien compliqué. Je ne vous
parle pas de ma fortune, si largement entamée par
vos ruineux caprices, et par les spéculations dans

lesquelles vous m'avez compromis en obtenant une
signature de moi au prix d'un sourire, — d'un de
ces sourires que vous saviez trouver quand vous
vouliez vaincre une de mes résistances, et avec
lesquels vous m'auriez fait assassin si vous l'aviez
voulu. Ma fortune était à moi; si elle est ruinée, c'est
la faute de ma folie et de vos prodigalités, et nous
serons seuls à en souffrir; mais j'ai fait plus, madame, j'ai compromis le bien d'autrui, j'ai violé la
sainteté du dépôt ; quand je vous dis que vous m'a-
vez fait plonger dans toutes les fanges, fit M. de Villerey avec un geste effrayant ; quand je vous le dis !

— Que voulez-vous dire, monsieur le comte ? fit
madame de Villerey avec assurance.

— Vous me comprenez bien, madame, —
la dot d'Hélène, — cette dot qu'un soldat laissait à
sa fille orpheline, vous l'avez jetée dans je ne sais
quelle entreprise, qui est sur le point de faillir.

— Eh bien, qu'y voulez-vous faire, monsieur ?

— c'était dans un but louable : je voulais augmenter la fortune de votre pupille, la chance ne lui a
pas été favorable, — en effet, je n'ai pas la main
heureuse depuis quelque temps.

Nous serons quittes pour payer nous-mêmes la
perte éprouvée par mademoiselle Hélène, au cas où
cette faillite dont vous parlez aurait vraiment eu

lieu, — ce dont on peut douter encore, — c'est un
malheur réparable, ce me semble. D'ailleurs,
M. Ferdinand de Meillery, qui a lui-même conseillé
cette tentative, supporterait sans doute le dom-
mage arrivé à la fortune de celle qu'il doit épouser.
— Nous en parlions encore tout à l'heure avec lui,
et il me paraissait être dans ces intentions.

— Espérez-vous donc encore que ce mariage
aura lieu, madame ? dit M. de Villerey.

— Mais, répondit la comtesse, n'y avez-vous pas
consenti, et n'est-ce pas une affaire convenue, et
sur laquelle on ne peut revenir sans comprome-
tre mademoiselle Hélène elle-même ? Que dirait le
monde en apprenant la rupture de cette union qui
a été si solennellement annoncée ?

— Le monde dira ce qu'il voudra, madame,
mais je vous le jure, cette union n'aura pas lieu.
Heureusement ma raison est revenue, et je ne
vous suivrai plus dans toutes ces iniquités ; les rô-
les sont changés, madame, et maintenant c'est
vous qui m'allez obéir. Écoutez-moi donc, et ap-
prenez tout le mal que vous avez à réparer.

Depuis que vous m'avez forcé à l'éloigner de
chez moi, mon fils, mon pauvre Tristan a failli
mourir plusieurs fois, madame. A cette heure
même où je vous parle, il n'est pas hors de dan-

ger, et je viens seulement de l'apprendre. Car,
craignant sans doute que je ne voulusse revenir
sur la cruelle décision que vous m'aviez fait prendre à son égard alors que ma volonté était l'esclave de la vôtre, vous m'aviez fait croire que
Tristan, résigné à son sort, avait quitté Paris, la
France même, et qu'il était allé demander à une
terre étrangère un destin moins barbare que celui-
là qui le frappait dans le pays où vivait son père.
Comme tant d'autres fois, en disant cela, vous
aviez menti, madame. Vous saviez bien que Tristan était à Paris, vous saviez l'horrible misère à
laquelle il était en proie, et contre laquelle il luttait avec tant de courage : mais vous ne m'avez
rien dit, et si le noble orgueil de ce noble jeune
homme, un instant vaincu, avait fléchi, si mon
fils avait essayé de rappeler, sinon l'amour qu'un
père doit à son fils, au moins la pitié que tout
homme doit avoir pour un malheureux, vous lui
auriez enlevé même cette espérance ; vous lui auriez ôté les moyens de correspondre avec moi.

— Ah ! Monsieur le comte ! — fit madame de
Villerey en faisant un geste de dénégation, joué
avec un talent de haute comédie.

— Vous l'auriez fait, madame, répondit M. de
Villerey avec un accent impérieux, et ne dites pas

non. — Car alors je vous dirai : vous l'avez fait,
et nous verrons si vous aurez le courage de nier
devant cette preuve de votre odieuse lâcheté. —
Voyez-vous cette lettre, dit M. de Villerey en tirant de sa poche un papier qu'il mit sous les yeux
de sa femme. La reconnaissez-vous bien cette
lettre qui m'était adressée, et que vous avez fait
intercepter par votre police, qui surveillait toutes
mes actions. — Cette lettre m'était écrite par mon
fils. — C'était son adieu funèbre, — il me l'écrivait en ayant à ses côtés l'arme qui devait le dé-
barrasser d'une vie qui lui était devenue trop
odieuse, depuis le moment où il avait encouru ma
disgrâce, et où, par vous, toujours par vous, la
joie de sa jeunesse, l'espérance de sa vie entière,
— l'amour d'Hélène lui était enlevé pour être
donné à un autre, et quel autre ! — Vous l'avez
lue, madame, cette lettre touchante, écrite avec
des larmes, — cette lettre où il ne demandait rien
avant de mourir qu'un seul mot de pardon qui lui
vint de son père, pour la faute inconnue qu'il
avait dû commettre, puisqu'il était châtié avec
tant de sévérité. La faute, que dis-je ? le crime, ce
crime odieux où vous m'aviez associé, vous saviez
qui en était coupable, madame. Et pourtant vous
n'avez rien dit. Vous avez rugi de joie, au con-

traire, en apprenant la résolution sinistre que venait de prendre l'innocent que vous m'assuriez criminel, et dont vous aviez juré la perte.

Et sans la Providence qui a jeté un ami sur le chemin de Tristan au moment où le désespoir l'emmenait dans la mort, je devenais le bourreau de mon enfant, madame. Y a-t-il dans les époques les plus sanglantes une action aussi lâche et aussi noire que celle que vous avez commise là, et de quelle faute le ciel a-t-il voulu me punir, quand il a permis que je rencontrasse, dans les dernières années de ma vieillesse, une créature que je pris pour ma compagne et dont le cœur portait déjà la semence de toutes les choses horribles que vous avez faites ? Et c'est à ce moment même où une amitié étrangère venait au secours de Tristan, c'est à ce moment-là où un de ces nobles jeunes gens qui se font les frères de tous les infortunés rendait avec le courage la vie à mon fils et l'aidait à la supporter ; c'est à cette même heure que vous avez introduit chez moi, à la place où aurait dû s'asseoir mon enfant, un oblique étranger à qui j'ai tendu la main, à qui j'ai ouvert ma bourse, que j'ai partout patroné de mon crédit, et qui, violant la sainteté de l'hospitalité, s'est ligué avec vous pour jeter mon écusson dans la boue. Eh bien !

9

madame, savez-vous ce qui est résulté, savez-vous
quel est en ce moment le dénouement de toutes
ces perfidies ténébreuses ourdies avec le génie du
crime dont on peut croire que vous êtes l'ange in-
carné : M. Ferdinand de Meillery, qui voulait
épouser la dot de ma pupille, cette pauvre enfant
sur qui j'avais juré de veiller, et dont le bonheur
et l'honneur m'avaient été confiés en dépôt, et que
j'ai abandonnée aux serres de vos cruautés; savez-
vous ce qu'il a fait et ce dont il est cause à cette
heure, ce M. de Meillery? Il a, ce matin, à vos
côtés, aux miens, fait à mon fils Tristan, que j'eus
alors à peine le temps de reconnaître, une insulte
telle, que la commotion morale qu'il en a ressen-
tie a réveillé en lui tous les noirs esprits du délire.
A cette heure, madame, Tristan se débat entre la
folie et la mort. — Tristan fou, Tristan insulté
par M. de Meillery? que voulez-vous dire, monsieur? demanda la comtesse. Je ne vous comprends pas cette fois. En vérité, vous vous abusez,
et donnez créance à de faux rapports. Ferdinand
ne connaît pas votre fils; il ne l'a jamais vu.

— Il le connaissait, madame, et il partageait la
haine que vous aviez pour lui, car il savait bien
que l'amour de ma pupille pour Tristan aurait
seul suffi pour causer la froideur qu'Hélène lui

montrait; si cette jeune fille n'avait éprouvé tout d'abord pour lui un vague sentiment de mépris et de terreur. — Votre ami, votre protégé avait donc des raisons pour agir comme il a fait?

Ne croyez pas, continua M. de Villerey, que toutes ces iniquités dont vous vous êtes rendue coupable resteront sans châtiment, — vous aurez le vôtre. — Mais votre complice, celui-là qui tantôt a jeté l'esprit de mon fils dans les ténèbres de la folie, M. Ferdinand de Meillery, — ce lâche qui s'est laissé tout à l'heure souffleter par votre mépris, — celui-là est condamné par moi, condamné à mort, — madame, — et tout à l'heure il va mourir.

— Un meurtre ici, — monsieur, fit la comtesse.

— Oui, madame, — mais un meurtre légal, — qui ne me déshonore pas, un homicide dans lequel mon bras sera guidé par Dieu.

— Un duel, un duel avec M. de Meillery! Vous, M. le comte! Mais cela est impossible, — d'autant plus impossible qu'il ne l'acceptera pas... C'est un misérable, un lâche.

— Parlez plus haut, qu'il vous entende, fit le comte de Villerey; — et frappant à la cloison qui séparait le boudoir où Ferdinand était, comme on se le rappelle, resté seul, M. de Villerey lui cria :

— Entendez-vous, monsieur?

Ferdinand avait voulu ouvrir la porte, et essayer une tentative ; mais, cette porte ouverte, il trouva derrière un domestique qui lui barra le passage, et, sans mot dire, l'invita du geste à retourner s'asseoir.

Deux heures du matin sonnèrent à la pendule.

M. de Villerey frappe sur un timbre qui retentit longuement au milieu du silence qui régnait dans les appartements.

Son valet de chambre se présente.

— Tout est-il préparé ? demanda le comte.

— Tout est prêt.

— C'est bien. — Apportez cela ici, et passez dans mon cabinet, vous prierez les personnes qui s'y trouvent de venir.

— Mais, monsieur, dit la comtesse, — si, comme vous me l'avez dit, votre fils est en danger, — il faudrait envoyer près de lui tout de suite ; — moi-même je voudrais...

— Vous irez aussi, madame, — car ce sera là votre châtiment de le voir, mais quand le moment en sera venu. — Tristan n'est pas seul d'ailleurs, Hélène est auprès de lui.

— Hélène, — fit la comtesse, c'est donc cela que je ne l'ai point vue de la soirée. Mais la pauvre enfant va être horriblement compromise... si l'on savait...

— On sait, — madame, on sait tout ; — comme

vous le disiez, Hélène est compromise. — M. Ferdinand — a, je ne sais comment, su qu'elle était
chez Tristan, — et il en a répandu la nouvelle ; ce
soir on ne parlait que de cela dans nos salons.

— Comment ! lui qui devait l'épouser?

— Cet éclat rendait ce mariage plus certain pour
M. de Meillery ; il était sûr qu'ainsi déshonorée par
ce scandale—il serait impossible à ma pupille d'espérer une autre union, et lui qui n'en voulait qu'à
la fortune d'Hélène, aurait encore paru, aux yeux
du monde, un honnête homme indulgent, en dai-
gnant couvrir de son nom le nom flétri de cette
pauvre fille. — Oh ! tout était bien combiné, madame, — mais heureusement que ma raison s'est
réveillée à temps.

La pendule sonna un quart.

— Voici les derniers instants de la vie de M. de
Meillery qui s'envolent, dit le comte à haute voix.

Ferdinand entendit.

—Veut-il m'assassiner? pensa-t-il. Et il regarda
autour de lui avec des regards pleins de terreur.

— Ah ! fit-il en apercevant la fenêtre.—Ce balcon,
— il n'est pas très-élevé : par là je pourrai fuir peut-
être, et il courut ouvrir la croisée qui donnait sur un
balcon ; mais là il trouva encore un autre valet qui,
silencieux comme son camarade, fit comprendre à

Ferdinand que toute tentative de fuite était inutile.

En ce moment, quatre personnes entrèrent silencieusement dans la chambre où se trouvaient la comtesse et son mari. C'étaient quatre amis de M. de Villeroy. — Ils saluèrent froidement la comtesse.

— L'heure est venue, messieurs, dit M. de Villeroy, — et, se retournant vers le domestique, il ajouta :

— Amenez ici M. Ferdinand de Meillery.

La comtesse était immobile.

Ferdinand de Meillery entra, accompagné de deux valets, qui se retirèrent sur un signe de leur maître.

Le comte montra du doigt un siége à Ferdinand.

Celui-ci s'y laissa tomber plutôt qu'il ne s'y assit. Son visage ruisselait d'une sueur d'épouvante.

Le comte alla ouvrir la porte qui donnait sur le salon et rentra accompagné de deux autres personnes.

C'étaient Laurent et Stella.

— Maintenant, dit M. de Villeroy, — dépêchons-nous, le temps presse.

— Monsieur, dit-il, en s'avançant près de Ferdinand, et en lui prenant la main, je viens de vous condamner à mort ; préparez-vous.

Ferdinand promena sur le silencieux entourage un regard hébété ; il ne comprenait pas.

— Vous n'avez point à vous expliquer ni à vous défendre, monsieur ; vous allez mourir, non point assassiné, — mais en duel ; — vous allez vous battre avec moi, et je vais vous tuer ; — je vais vous tuer, — j'en suis sûr ; — ne conservez donc aucune espérance. Reconnaissez-vous ceci ? — fit M. de Villerey en tirant de sa poche une petite bourse.

— Ma bourse, dit vivement Ferdinand, ma bourse !

— Elle-même, monsieur, répondit le comte, et il en tira une petite boule en or qu'il montra à Ferdinand, en lui disant : Et ceci, le reconnaissez-vous aussi ?

Ferdinand garda le silence.

— Cette bourse — est celle que vous avez jetée tantôt aux pieds de mon fils dans l'avenue des Champs-Élysées, de mon fils que vous avez insulté par cette aumône faite en public, et que cet affront a rendu fou. C'est lui qui va vous tuer par mon bras, monsieur. Cette balle a été fondue avec l'or que contenait votre bourse. — Avec cet or, vous avez frappé Tristan au cœur, — cet or est meurtrier, et vous tuera dans une heure. — Et maintenant, continua M. de Villerey, en mettant sous les yeux de Ferdinand une lettre tirée d'un portefeuille, — reconnaissez-vous cette lettre ? — elle a été extraite de votre correspondance adultère avec madame, dit le comte de Villerey en montrant sa femme; — cette lettre aidera à votre mort, monsieur. Ce sont vos crimes qui vont vous frapper, et M. de Villerey chiffonna la lettre entre ses mains.

— Colonel, dit-il à un des quatre vieillards venus là, chargez les armes ; et M. de Villerey, ayant sorti d'un meuble une boîte de pistolets, la déposa ouverte sur la table, et, sur un geste du comte, deux autres de ses amis — passèrent du côté de Ferdinand.

— Ces messieurs vous feront l'honneur d'être vos témoins, fit M. de Villerey. — Allons, messieurs, faites. — Les témoins prirent les armes et les chargèrent. — L'un des pistolets fut chargé avec une balle de plomb, et remis aux mains des témoins choisis à Ferdinand. L'autre pistolet fut chargé avec la balle fondue en or, et la lettre adultère servit de bourre.

— C'est avec cela que je vais vous tuer, monsieur, dit le comte de Villerey en montrant l'arme qu'il remit entre les mains de ses témoins.

Ferdinand n'était déjà plus qu'un cadavre anticipé.

Pendant que son mari, retiré dans un coin de la chambre causait à voix basse avec les personnes présentes à cette scène, madame de Villerey se glissa près de Ferdinand, et lui jeta rapidement ces deux mots à voix basse :

— Il est vieux, sa vue est mauvaise, son bras tremblera ; êtes-vous donc effrayé par toutes ces superstitions ridicules ? Le plomb est plus sûr que l'or. Le comte mort, sa fortune me reste, — tout n'est pas perdu ! Et elle lui serra la main.

Ferdinand reprit une autre contenance, sa lâcheté s'habilla d'insolence ; il se rappela son adresse au tir, et releva le front.

— Monsieur, dit-il au comte de Villerey, — je vous attends, je me tiens à votre disposition, et j'accepte, sans les discuter, si étranges qu'elles soient, les conditions que vous avez arrêtées pour ce combat qui sera un combat à mort ; et, se retournant vers ses témoins, Ferdinand s'inclina vers eux, et les remercia de l'assistance qu'ils voulaient bien lui prêter.

— Quels seront l'heure et le lieu ? demanda-t-il.

— L'endroit choisi est l'île Saint-Ouen, dit un des témoins.

— Et l'heure ? demanda Ferdinand. — Je désirerais, avant le duel, prendre quelques dispositions.

— Vous avez devant vous deux heures, monsieur, lui répondit le comte de Villerey. On va vous donner tout ce qu'il vous faudra pour écrire ; mais je dois vous prévenir que vous serez gardé à vue, et que toute tentative de corruption auprès de mes gens est inutile. De mon côté, j'ai aussi des dispositions à prendre, et je vais vous laisser. — A cinq heures, je serai de retour. — Venez, madame, dit M. de Villerey. Et il sortit avec sa femme, Laurent et Stella, qui avaient assisté, témoins silencieux, à la scène que nous venons de raconter. Les quatre amis du comte se retirèrent dans une pièce voisine, et laissèrent Ferdinand seul avec ses terreurs.

— Où m'emmenez-vous, monsieur? demanda la comtesse à son mari quand ils furent dans l'antichambre, où un domestique les attendait.

— Je vous mène à votre châtiment, madame, lui répondit le comte toujours suivi de Laurent et de Stella.

Sous le vestibule, ils trouvèrent une voiture, où ils montèrent tous quatre.

La comtesse n'osait plus parler.

La voiture roulait au galop. Au bout d'une demi-heure, elle s'arrêtait devant la porte d'une maison de la rue des Grès.

— Nous sommes arrivés, dit M. de Villerey. Un valet de pied vint ouvrir la portière.

Le comte et sa femme descendirent les premiers.

— Que va-t-il se passer maintenant? dit Laurent à Stella en lui offrant la main.

— Tout paraissait en rumeur dans la maison. Les locataires couraient par les escaliers, et Laurent reconnut le médecin, qui montait accompagné du commissaire de police.

— Ah ! monsieur, dit le médecin en reconnaissant Laurent : — Pourquoi les avez-vous quittés ?

— Qu'y a-t-il donc ? Tristan est-il plus mal ?

— Mon fils ! s'écria le comte de Villerey en s'approchant. — Qu'est-il arrivé, monsieur ?

— Un événement épouvantable..... Vous allez tout savoir.

La petite chambre de Tristan était pleine de monde. — Le commissaire de police s'assit à une table, et procéda à une enquête.

— Où est mon fils ? cria M. de Villerey. — Il s'approcha du lit, et recula avec horreur devant le cadavre sanglant d'Hélène, étendu à terre. Tristan poussait des cris étranges et tenait encore dans ses mains le poignard avec lequel il avait tué sa maîtresse dans un moment de délire. — Madame, — dit M. de Villerey dont le visage devint terrible, — mettez vos pieds dans ce sang, — c'est vous qui l'avez fait couler.

Et il tomba à genoux devant le corps de la pauvre Hélène.

L'instruction sommaire était à peine terminée

que M. de Villerey sortait de cette chambre sanglante. — Il monta en voiture, et arriva en moins
d'un quart d'heure à son hôtel, — où il était pourtant près de six heures du matin lorsqu'il arriva.

— Eh bien ! dirent ses amis.

— Rien maintenant, dit le comte, — plus tard,
vous saurez tout. — Partons, partons, messieurs.
Et ils rentrèrent dans la pièce où Ferdinand avait
été laissé seul.

— Il est six heures, messieurs, dit celui-ci d'un
ton bravache, et j'attendais.

Sans échanger d'autres paroles, on monta en
voiture. A sept heures, on était arrivé au lieu
choisi pour le combat.

A huit heures, M. de Villerey était rapporté
mort à son hôtel.

. . . . . . . . . . . . . . . . . . . .

Accompagnée de Ferdinand de Meillery, madame
de Villerey passa en Angleterre, et assistait six
mois plus tard aux courses d'Epsom.

FIN.

CORBEIL. — Typ. et stér. de CRÉTÉ.

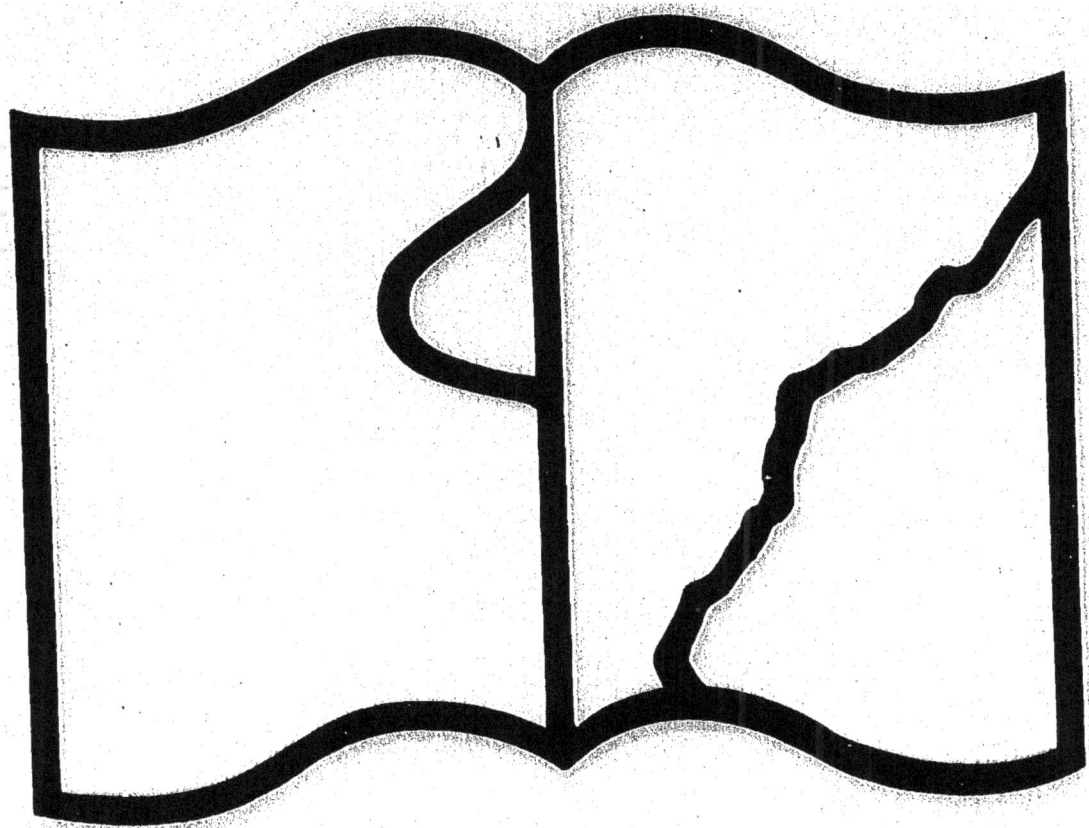

www.ingramcontent.com/pod-product-compliance
Lightning Source LLC
Chambersburg PA
CBHW071951110426
42744CB00030B/867